GARTENPRACHT

Ethne Clarke / Clay Perry

GARTENPRACHT

Von der Schönheit englischer Bauern- und Landhausgärten

Gerstenberg Verlag

Die Deutsche Bibliothek – CIP-Einheitsaufnahme

Gartenpracht : von der Schönheit engl. Bauern- und Landhausgärten /
Ethne Clarke ; Clay Perry.
[Aus dem Engl. übertr. von Heinz Siedler]
1. Aufl. der Sonderausg., – Hildesheim : Gerstenberg, 1996
Einheitssacht.: English country gardens <dt.>
ISBN 3-8067-2893-3
NE: Clarke, Ethne; Perry, Clay; Siedler, Heinz [Übers.]

1. Auflage der Sonderausgabe 1996
Aus dem Englischen übertragen von Heinz Siedler
Die Originalausgabe erschien unter dem Titel
Ethne Clarke / Clay Perry: „English Country Gardens“
bei George Weidenfeld & Nicolson Ltd.,
91 Clapham High Street, London SW4 7TA

ISBN 3-8067-2893-3

Inhalt

Einleitung
7

Frühsommer
Gloucestershire, Oxfordshire, Cornwall, Devonshire, Surrey, Hampshire
15

Hochsommer
Norfolk, Dorset, Somerset, Suffolk
75

Spätsommer
East Sussex, Surrey, Kent
119

Fototechnische Hinweise
156

Bibliographie
158

Index
159

Einleitung

In diesem Buch möchte ich mit Ihnen einen Streifzug durch die Sommerpracht englischer Gärten unternehmen. Wir wollen zunächst gemeinsam die kleinen Cottagegrundstücke besuchen, wo altmodische Blumen einträchtig neben Gemüse und Obst stehen, und dann in die größeren Gärten der ehemaligen Rittergüter und der Pfarrhäuser gehen, deren Besitzer ihre erlesenen Pflanzen mit sorgfältiger Überlegung einander zuordnen und auf diese Weise ihre Vorstellung vom Garten Eden verwirklichen.

Wenn ich gefragt werde, worauf die charakteristischen Merkmale eines englischen Gartens beruhen, würde ich zunächst das besondere Klima erwähnen. Es ist gemäßigt; extreme Hitze- und Kälteperioden kommen so gut wie nicht vor; die Luft ist weich und der Boden feucht und fruchtbar. Als nächstes müßte ich die hügelige Parklandschaft nennen. Sie bildet den wohltuend schönen Rahmen für die Gärten, die in die baumbestandenen Mulden eingebettet liegen.

Nicht vergessen würde ich auch das rustikale Material, aus dem die Häuser und die Gartenmauern erbaut sind, sowie dessen warme Farbtöne, durch die disharmonische Kontraste vermieden werden. Aber alle diese Antworten auf die eingangs gestellte Frage sind nur Mosaiksteine; der Schlüssel zum Ganzen fehlt noch.

Ich meine, man findet ihn im englischen Nationalcharakter. Wer sein Haus als sein „Castle“ betrachtet, der behandelt seinen Garten als eine Erweiterung dieser „Festung“, und daher ist es für mich nicht überraschend, daß die Engländer ihre Gärten von jeher mit großer Liebe gepflegt haben und seit dem frühen Mittelalter auch theoretisch über die Gartenkunst nachdenken. Anfang des vorigen Jahrhunderts schrieb der amerikanische Dichter Washington Irving in seinem Buch ‚Über das Landleben in England‘, daß „der Geschmack der Engländer, mit dem sie die Landschaftsgärtnerei auf den Adelssitzen betreiben, von niemandem sonst erreicht wird ... Am meisten aber entzückt mich das schöpferische Talent, mit dem auch die Engländer der Mittelschicht ihre bescheideneren Gärten verschönern, wie sie ihre Bäume pflegen und nach ihren Vorstellungen schulen, wie sie die Blumen und Pflanzen mit zartem und anmutigem Blattwerk hübsch anordnen. Alles geschieht mit ästhetischem Feingefühl, etwa so wie ein Maler sein Lieblingsbild mit dem Zauberstrich seines Pinsels zur Vollendung bringt.“

Gartenliebhaberei erfordert viel Zeit, und nur wer sich ihr ganz verschreibt und ihr in Muße die nötige Sorgfalt widmet, wird später für seine Arbeit belohnt werden. Die verschworene Gemeinschaft der Gartenbesitzer ist eine der ältesten, die es gibt. „Gott der Allmächtige legte als erster einen Garten an und ging damit als erster der reinsten aller menschlichen Vergnügungen nach“, heißt es in einem alten Buch. Spazieren Sie eine Dorfstraße oder einen ländlichen Pfad entlang, bleiben Sie stehen, um den Reichtum an Blumen und Sträuchern zu bewundern, die sich vor einer Haustür drängen, oder schauen Sie über eine Mauer mit ihrem Kranz von ‚Albertine‘-Rosen —, und mit Sicherheit wird der Schöpfer des Gartens sogleich erscheinen; denn Gartenliebhaber sind nie weit von ihren Blumen entfernt zu finden.

Was einen Gärtner am meisten interessiert, das ist der Garten des anderen, der Austausch von alten und neuen Ideen und Anregungen aller Art. Kaum hat man das fremde Gartentor durchschritten, vergleicht man schon die Pflanzung und die Gesamtanlage, malt sich den Werdegang des Gartens aus und versucht, seinen Charakter zu erfassen.

William Shenstone schrieb im 18. Jahrhundert, man könne die Gartenkunst in drei Kategorien einteilen, nämlich die englische Art, die französische Art sowie den Küchengartentyp, und die verschiedenen Arten von Gärtnern könne man diesen Kategorien zuordnen. Nachdem ich einen ganzen Sommer lang durch Südengland gewandert war, Hunderte von Gartenliebhabern gesprochen und ihre Schöpfungen betrachtet hatte, bin ich zu einer ähnlichen Schlußfolgerung gekommen, nur habe ich die Bezeichnungen der Kategorien geändert. Meiner Meinung nach gibt es Gartenbesitzer, deren ein und alles die Planung ist; an ihr orientiert sich die Auswahl der Pflanzen. Dann kenne ich andere, deren Hauptanliegen das Sammeln ist. Sie tragen in ihren Gärten zum Beispiel nur Pflanzen und Kräuter zusammen, die im 18. Jahrhundert beliebt waren, während andere darauf aus sind, aller nur möglichen Nelkenarten habhaft zu werden. Schließlich möchte ich die ‚besessenen Enthusiasten‘ nennen und gestehe gleichzeitig, daß ich den so Betitelten besonders zugetan bin: Sie siedeln in ihren Gärten alles an, was ihnen unter die Finger kommt, bloß weil sie probieren wollen, ob es anwächst. Solche Menschen können nach meiner Erfahrung jedes Stück Erde in einen Garten verwandeln.

„Es gibt kaum ein Cottage in den südlichen Theilen von Old England, das eines wohlgerathenen Gartens ermangelte“, schrieb John Worlidge vor dreihundert Jahren, und eine Rundreise durch die Grafschaften längs des Ärmelkanals bis hinauf nach Norfolk zeigt, daß das auch heute noch der Fall ist. Das bedeutet natürlich nicht, daß die Gärten in anderen Teilen Englands oder gar Großbritanniens weniger interessant sind. Leider war es mir aber nicht vergönnt, den Spuren der englischen Gartentradition von Land's End in Cornwall bis John o'Groats in Schottland zu folgen. Ich gestehe, daß ich besonders gern auch die Gärten in den Malvernbergen der Grafschaft Hereford besucht hätte; denn dort hat vor fünfundzwanzig Jahren, als ich einen Teil meiner Kindheit in dem Garten des viktorianischen Landhauses einer Tante verbrachte, mein Liebesverhältnis zu dem Thema ‚Garten‘ begonnen.

In dem besagten Garten gab es eine Menge von Abteilungen: So öffnete sich beispielsweise im Gewächshaus des Küchengartens zum vorher bekanntgegebenen Zeitpunkt und zu jedermanns Entzücken die Blüte der Königin der Nacht; der grüne Tennisplatz war von Rosen umsäumt, deren so geheimnisvoll duftende Blüten ich körbeweise pflücken durfte; im Blumengarten aber — ach! — wuchsen Rittersporne und Fingerhüte, Polsternelken und Stiefmütterchen von so unglaublicher Farbe und berauschendem Duft, daß ich mich in ein paradiesisches Traumland entrückt glaubte. Die Entdeckung dieses Ortes ist mir wohl vom Schicksal verordnet worden; denn den Rest meiner Kindheit mußte ich im Mittleren Westen der Vereinigten Staaten verbringen, wo man zwar das Korn wachsen hört, wo aber Rosen und Blumenstauden eine eher untergeordnete Bedeutung im Leben haben.

Ich hoffe, es bereitet Ihnen genau so viel Vergnügen wie mir, die sommerliche Jahreszeit von Cornwall bis Norfolk zu erleben. Wir beginnen mit dem Frühsommer in den Cotswolds, wo lustige Veilchen und rotbäckige Pfingstrosen die verblassenden Frühlingsblüher im Sommer als erste ablösen. In dem überschäumenden Wachstum der mittelmeerisch warmen Gärten Cornwalls entflammt dann bereits eine wahre Symphonie von Farben. Einen Monat später erleben wir die hochsommerlichen Gärten in Norfolk unter der betäubenden Duftglocke der alten Strauchrosen, und das Gewoge der Rittersporne verwandelt die Staudenrabatten in azurne Meere, während vor dem Goldton der reetgedeckten Häu-

Corpusty
Norfolk

ser Dorsets und Somersets die Gärten ihren Mittagsschlaf halten und die Bienen in den Honigkräutern ihre Arbeit verrichten. Mit der Jahreszeit schreiten wir weiter voran, entlang den Blumenrabatten von Suffolk mit ihrem Rausch von Farbe und Duft, und gelangen schließlich nach Kent und Sussex, wo die Landschaft und die Gärten im Herbst einen aus weichen Farbtönen gewebten Mantel anlegen.

Den Jahreszeiten folgend habe ich das Buch in drei Abteilungen gegliedert und jede mit einer Art Gartentagebuch begonnen. Darin finden Sie meine Erfahrungen wieder, die ich während der sommerlichen Rundfahrt gesammelt habe: von den Wetterverhältnissen, den jahreszeitlich bedingten Arbeiten im Garten, der Gartenplanung, den Festen, den Bienen bis zu den Büchern alter Gartenschriftsteller über Blumen, Wege, Ornamente und viele andere Themen — eine Fülle von Details, aber auch Einsichten und Erkenntnissen, die ich den Gartenliebhabern, mit denen ich sprach, und der erstaunlichen Vielfalt von Gärten verdanke, die jene geschaffen haben.

Broadwell
Oxfordshire

Frühsommer

„Nun ist der Juni kommen. Der Honigdůffte Schwall fůllt die Lufft mit Sůße und die sanften Schauer erquikken die Erde. Das azurblaue Himmelszelt bezeugt die Gnade des HERRN, und Helios macht froh den Geist der Natur. Wahrlich, es ist eine sůsze Zeit, ein Duffthauch fůr die Sinnen und fůr die Seel' ein Trost."

‚Die Zwŏlf Monate', M. Stevenson, 1661

In allen Teilen des Gartens herrscht während des Monats Juni eine klare Frische und transparente Farbigkeit, haben doch die vergilbten Blätter der frühblühenden Zwiebel- und Knollengewächse ihren Platz für die Rosen, die Iris, Magnolien und die vielen anderen Blumen mit dezenter Färbung und süßem Duft freigemacht. Schaut man genauer hin, dann wird einem der Charakter dieses Monats auch im Gestus des Gartens deutlich; denn im Juni befleißigt die Dame Flora sich einer koketten Zurückhaltung. Der Volksmund hat das erkannt und läßt daher die „Veilchen im Verborgenen blühen". Der Ausdruck ist gut gewählt, wenn man daran denkt, wie wenig die Blüten des Wohlriechenden Veilchens (*Viola odorata*) zu einem Gespräch mit uns aufgelegt sind und wie sie statt dessen in den schattigen Nischen des Gartens lieber Verstecken spielen unter der Masse ihrer herzförmigen Blätter. Wie anders scheinen da ihre Cousinen, die Hornveilchen und die Stiefmütterchen, zu sein, die im Juni keck ihre Clownerien auf den Blumenbeeten treiben. Aber eine gewisse großäugige Verhaltenheit ist auch ihnen eigen. Die heute gängigen Sorten sind Abkömmlinge des altehrwürdigen Feldstiefmütterchens (*Viola tricolor*), der ‚Herzenströsterin' der britischen Inseln. Es präsentiert auf seinen fingernagelgroßen Blüten die Farben des Frühsommers: Schattierungen von Blau und blassem Lila, Sahnegelb und Weiß.

Viele Jahre lang war das Stiefmütterchen ein Lieblingskind der Berufsgärtner, die durch Selektion und Züchtung das Äußerste an Form und Farbe aus ihm herausholen wollten. Bereits 1813 soll ein gewisser Lord Gambier seinen Gärtner angewiesen haben, Sämlinge von einer Form von *Viola tricolor* zu ziehen, die Seine Lordschaft in den Wäldern gesammelt hatte, und man sagte dem Gärtner erstaunliche Erfolge nach. Aber dieser Züchtungsversuch kann nicht der erste gewesen sein; denn schon 1629 schreibt John Parkinson: „Diese Pflantzen waren erst wild, und wurden durch Důngen dazu gebracht, krefftige Farbe zu zeigen, und waren auch bald von besserem Dufft, als wann sie wild wuchsen."

Großblumige Stiefmütterchen findet man nun überall in Balkonkästen und auf den Rabatten, nur sind ihre Blüten manchmal von so waghalsiger Dimension, daß sie ihre Köpfe nicht aufrecht halten können. Da legen Veilchen mehr Wert auf gutes Aussehen und bieten auch farblich oft eine Augenweide. ‚Irish Molly' zum Beispiel zeigt ein ungewöhnliches grünliches Purpur, das ausgezeichnet zu grünblütigen Aurikeln und graugrünen Funkien paßt.

Neben den Stiefmütterchen gibt es noch andere Blütenwunder im Juni, und zu den schönsten gehören zweifellos die alten Strauchrosen. Viele von ihnen blühen nur einmal im Jahr, und darum müssen wir uns Zeit nehmen für den Genuß, den sie uns bieten: Die Schönheit der Blüten rührt uns innerlich an; die Farbskala von Perlweiß bis Bordeauxrot ist größer als bei irgendeiner anderen Blume; die Blütenblätter fühlen sich ‚wie Samt und Seide' an, und ihrem Duft kommt kein einziger im Reich der Blüten gleich. Nur die nach Himbeeren duftenden Bourbon-Rosen mit ihren kelchförmigen Blüten und ihrem altmodischen Charme blühen fast den ganzen Sommer über. Der wohl kräftigste Rosenduft, den es gibt, entströmt den enorm dichtgefüllten fuchsinroten Blüten der Sorte ‚Madame Isaac Pereire'. Wenn dieser hohe Strauch von einem guten, tiefgelockerten Boden zehren kann, bringt er an seinen überhängenden Zweigen bis in den September ein Meer von Blüten hervor.

Der Juni hat jedoch nicht nur angenehme Seiten. Dank des zunehmenden Sonnenscheins, des klaren blauen Himmels und der warmen Westwinde ist er auch der trockenste Monat und zwingt dem Gartenbesitzer daher die mühsame Arbeit des Gießens auf. Der Platzregen während eines Gewitters ist ja meist von zu kurzer Dauer, als daß das Wasser tief genug in den Boden sickern und dadurch eine nachhaltige Wirkung ausüben könnte.

Ich rate Ihnen, abends oder am späten Nachmittag zu gießen, wenn die Sonne niedrig steht, damit das Wasser nicht sofort verdunstet, sondern bis zu den Wurzeln dringen kann. Und gießen Sie stets ausreichend! Wie lästig Ihnen auch die Gießkannenschlepperei vom Wasserhahn zur Pflanze sein mag, überwinden Sie Ihre Trägheit! Wenn Sie nämlich nur oberflächlich wässern, streben die Wurzeln nach oben. Gefahr ist dann im Verzuge, und die Pflanze kann absterben.

Neben dem Wässern steht das Mulchen ganz oben im frühsommerlichen Aufgabenkatalog des Gartenliebhabers. Wenn man eine Schicht von halbzersetzten organischen Substanzen zwischen die Pflanzen legt, hält man die Feuchtigkeit im Boden und tut viel gegen Unkrautwuchs. Und die Blumen sehen besonders hübsch aus gegen den Hintergrund von dunklem Mulch, fast so als höben sich edle Steine von einem Samtkissen ab.

Die Mulchschicht sollte mindestens fünf Zentimeter dick sein. Gelegentlich müssen Sie sie erneuern, denn Vögel scharren gern darin herum, Regen und starker Wind bringen sie durcheinander, und Würmer ziehen den Mulch mit Vorliebe in den Boden. Vergessen Sie auch nicht, daß der Boden durch und durch feucht und kühl (aber niemals kalt) sein soll, bevor Sie mulchen. Das mag überraschend klingen; aber in der gleichen Weise, wie der Mulch die Feuchtigkeit im Boden hält, wehrt er sie auch ab. Den Pflanzen bekommt gleichmäßige Feuchtigkeit besser als Trockenheit und zuviel Wasser, und sie ziehen eine stetige Kühle dem Wechsel zwischen der Backofenhitze des Tages und dem starken Temperaturrückgang bei Nacht vor.

Torf ist ein allgemein beliebter Mulch. Er ist dunkel und speichert das Wasser und verbessert, wie alle organischen Mulche, den Humus. Kakaohülsen und Nußschalen sowie Baumrinde haben dieselbe attraktive Farbe, aber sie fallen mehr auf und sind insgesamt gröber als Torf, so daß sie sich mehr für Sträucher als für zarte Stauden eignen. Stroh, Grasschnitt, den man vor der Anwendung etwas trocknen läßt, Seetang, Kiefernnadeln und Plastikfolie kann man ebenfalls zum Mulchen nehmen. Aber da Plastik die Bodenwärme hält, sollten Sie Folien nur bei hitzeliebenden Pflanzen einsetzen. Tomaten zum Beispiel mögen gern Wärme und gleichmäßige Feuchtigkeit. Kommt man ihren Ansprüchen mit Folien entgegen, dann sind sie weniger anfällig gegen Blütenwelke, sie wachsen gut und reifen schneller.

Nachdem ich von den beiden frühsommerlichen ‚Frondiensten‘ des Wässerns und des Mulchens berichtet habe, möchte ich mit Ihnen einem der besonderen Vergnügen nachgehen, das der Sommer bereithält. Ganze Dörfer öffnen nämlich den Besuchern im Juni ihre Gärten. Lassen Sie uns der freundlichen Einladung folgen und während der Besichtigung über Gartenplanung und das Pflanzensortiment der Cottagegärten nachdenken.

Geht man von einem Manorhouse, einem Pfarrhaus oder Cottage zum anderen und mustert die Herrlichkeiten jedes Gartens, dann erkennt man anhand der häufigen Verwendung von Pflanzen und der Ähnlichkeit der Gartenanlage, wodurch die verschworene Gemeinschaft der Gartenliebhaber zusammengehalten wird: Sie ist zwar kein eingeschriebener Verein mit verbindlichen Statuten, aber sie ist sich einig in dem auch in widrigen Zeitläufen zäh durchgehaltenen Austausch von Ablegern, Ideen und Erfahrungen.

Nun ist die Gartenplanung eigentlich ein höchst individuelles, ja, psychologisches Thema. Und seit Jahrhunderten erscheinen in England regelmäßig Bücher, in denen von den verschiedensten Standpunkten aus dargelegt wird, wie man einen Garten gestalten sollte.

Viele Gartenliebhaber sehen im Cottagegarten ihr Ideal und legen ihren Garten nach althergebrachten Mustern an. Sie sehnen sich in unserer gehetzten Zeit danach, die Vergangenheit in die Gegenwart einzubeziehen, um zu sich selbst zu finden. Jedoch ist die Vorstellung von einem Cottagegarten von Mensch zu Mensch verschieden, und dementsprechend unterscheiden sich auch die Ergebnisse voneinander: Bei einigen reihen sich Gemüsebeete und Obstbäume längs eines schnurgeraden Weges zur Haustür hin auf; Blumen und Ziergehölze dürfen dann nach Lust und Laune die äußeren Bezirke des Grundstücks bevölkern. Andere finden dies abscheulich und verkünden ex cathedra, daß sich in einem wahren Cottagegarten schattige Wege durch die Beete schlängeln müssen, auf denen Blumen, Gemüse und Ziersträucher wie zufällig zusammenstehen.

Es gibt aber Grundzüge, die in einer großen Zahl von Gärten im Cottagestil über ganz England hinweg zu finden sind. Zu diesen gehört eine gewisse instinktive Eleganz und das Fehlen jeder Künstelei, also etwas, das nur derjenige fertigbringt, der einfache Blumen und normales Gemüse völlig unaffektiert und in harmonischer Übereinstimmung mit der Natur in seinen Garten einbezieht. Ein weiterer Grundzug besteht darin, daß man selbst soweit wie möglich die Pflanzen aus Samen und Ablegern zieht; denn Cottagegärtner sind ein sparsames Völkchen! Den dritten Grundzug sehe ich in der großen Anzahl von ‚natürlichen' Gartenplanern, die es in England gibt. Diese ansehnliche Gruppe verläßt sich mehr auf einen angeborenen Sinn für das Angemessene als auf Kunstfertigkeiten, die man sich in einer professionellen Ausbildung aneignen kann. „Unter den Dingen, die der Mensch vollbracht hat", schrieb William Robinson in seinem Buch ‚Der englische Blumengarten', „gibt es nichts Schöneres als den englischen Cottagegarten. Dort werden Lektionen erteilt, die mancher ‚große' Gärtner lernen müßte."

Das Blumensortiment, das Sie oft in einem Cottagegarten antreffen werden, zeichnet sich durch betonte Schlichtheit aus. Nelken, Stockrosen, Rittersporn, Sonnenblumen, Iris, Lilien, Rosen und Geißblatt, um nur einige zu nennen, gehören dazu. Hie und da werden Sie vielleicht einen heiklen Exoten entdecken, dessen schwierige Aufzucht ja auch Vergnügen bereiten kann; aber die Grundsubstanz des Gartens besteht aus den bewährten winterharten Stauden, einmal weil sie selbstgenügsam sind und wenig Pflege beanspruchen, zum anderen aber auch, weil die Cottagebewohner früherer Zeiten weder die Zeit noch die Möglichkeiten hatten, empfindlichere Arten heranzuziehen.

Viele dieser Pflanzen sind schon seit mehr als fünfhundert Jahren in den Gärten heimisch, und ihre Geschichte regt die Vorstellungskraft unseres Geistes genauso an, wie ihr Duft unsere Sinne entzückt. In früheren Zeiten war der Wohlgeruch der Blumen eine ebenso geschätzte und beachtete Eigenschaft wie die praktischen Zwecke, für die manche von ihnen gepflanzt wurden; denn der Garten war gleichermaßen für das körperliche wie für das seelische Wohlbefinden der Familie da. Pflanzen mußten die Honigbienen ernähren, die die Obstbäume bestäuben sollten; aus den Blütenblättern destillierte man Öle zum Anreichern von Soßen oder zum Aromatisieren der Luft; und die Kräuter sammelte man zum Würzen der Speisen und verwendete sie in Duftkissen und in Heilmitteln.

Insgesamt gesehen, ist der Cottagegarten ein Fleckchen Erde von ungekünstelter Schönheit; ein Ort, an dem die geleistete Arbeit und Anstrengung sichtbar belohnt wird und wo der genügsame Mensch ein maßvolles Vergnügen in heiterer Atmosphäre genießen kann. Schon 1568 schrieb Thomas Hyll in seiner ‚Ertragreichen Gartenkunst': „Der vollkommene, delektable und ertragreiche Garten schenket uns zwey Gůter, welch ersteres ist Gewinn durch Mehrung der Kreutter und Blumen; welch zweytes aber ist Plåsier, der Sinnen Freude beim Promenieren durch denselben." Und anschließend weist er darauf hin, daß die frische Gartenluft dem Menschen Gesundheit und Wohlbefinden verleiht, ist sie doch „getrånket mit der Blůthen sůssem Dufft".

Lechlade Gloucestershire

Im Juni sind Farbe und Form des Blattwerks oft auffallender als die Blüten. Hier heben sich die breiten Blätter der Aronstabgewächse gut von den Federwedeln der Astilbe ab, und die rundblättrige Sumpfdotterblume (*Caltha palustris*) spielt ihre Reize gegen die schmalen Lanzetten der Iris aus — eine eindrucksvolle Ergänzung zu den winzigen Blüten der Gänsekresse (*Arabis*) und der Kandelaberprimeln.

Eine niedrige Bogenöffnung, die in die dichte Hecke am anderen Ende dieses Gartens geschnitten ist, lädt zum Nähertreten ein: Diesseits der Hecke dehnt sich im Anschluß an einen kurzgeschorenen Rasen eine sorgfältig angelegte Terrasse aus, die durch einen blumengesäumten Weg zweigeteilt wird, und im vorderen Winkel befindet sich ein stiller Bezirk um den Seerosenteich. Jenseits der Hecke schieben sich Rasenstücke zwischen Staudenrabatten, so daß der Garten in einzelne Bereiche gegliedert wird und durch die Abfolge von offenen Flächen und Beeten beziehungsweise Bezirken mit jeweils individuellem Charakter größer erscheint, als er in Wirklichkeit ist.

Broadwell Oxfordshire

Eine stille Wasserfläche reflektiert die überhängenden Magnolienäste sowie die nickenden Blütenstände der Nieswurz und filtert dabei noch einmal die zurückhaltende Zartheit der Farben. Die einfache Form des Teiches und dessen unaufdringliche Einfassung finden ihre Entsprechung in der Schlichtheit der Umgebung. Wasser in einem Garten verändert die Dimensionen des Ortes: Ein Teich macht den Himmel zu einem Teil des Erdbodens und gibt dem Garten einen ruhigen Mittelpunkt, während ein geschwätziger Bach Musik und Bewegung hineinbringt.

Die Wolfsmilch (*Euphorbia characias*) und ihre Subspezies *wulfenii* geben sich überall auf den Blumenrabatten des Frühsommers ein Stelldichein. Auch Pfingstrosen eignen sich gut für die Rabatte, da sie einen ansehnlichen Pulk von Blättern bilden und darüber hinaus mit ihren erstaunlichen Blüten aufwarten. Gesellt man die altmodische karmesinrote Bauernpfingstrose (*Paeonia officinalis*) zu den Blütenständen der Euphorbie mit ihrem Tupfenmuster und dem saure-Drops-ähnlichen Gelb, dann erreicht man einen besonders delikaten Kontrast von Farbe und Form.

Dieser hübsche Blickfang im Vorhof eines Gartens besteht aus einem schön gemeißelten italienischen Steintrog. Ein derart auffallendes Schmuckelement verlangt eine beherrschende Stellung im Garten und eine eher zurückhaltende Begleitpflanzung. Um den Sockel hat man daher graublättrige Hasenohren und Hornkraut mit seinen winzigen weißen Blüten in eine Einfassung von immergrünem glänzendem Zwergbuchsbaum gesetzt; und der Kontrast von Grau und Grün wiederholt sich im Trog selbst mit *Hebe pinguifolia* und buntgeflecktem Thymian. So zieht das Ensemble den Blick auf sich, ohne aufdringlich zu wirken.

Da die schönsten Stauden erst im Hochsommer blühen, wirkt die Blumenrabatte im Frühsommer am besten, wenn man die jetzt im Vollflor stehenden Stauden mit ihren ansehnlichen Blüten geschickt an günstige Stellen setzt. Dann kann das Auge die Rabatte entlang wandern und sich nacheinander (siehe rechts) an roten Pfingstrosen und tiefpurpurroten Akeleiglöckchen erfreuen, vielleicht auch an dem weichen Grau des Brandkrauts (*Phlomis*) und an den gelben Ähren der *Heuchera cylindrica* verweilen, die sich auf den Kiesweg vordrängen. Überdies bringen die unterschiedlichen Blatt- und Wuchsformen Abwechslung und Einheit zugleich in diese Rabatte, und das lange vor der Hauptblühsaison.

Kencot
Oxfordshire

Die Anzucht von Pflanzen aus Samen oder Ablegern gehört zu den schönsten Tätigkeiten des Gartenliebhabers. Wie schrieb doch Leonard Mascall bereits 1572: „Wůrcklich, nichts vermag uns zu offenbaren Unseres Herrn grosses und unbegreiffliches Werck, als dass aus Eynem wintzigen Samenkorn, oder Nuss, oder Steckling wird dieselbe grosse Pflantze, derselbe grosse Baum, und wieder newe Samen und newe Frůchte in unendlicher Zahl.“ In jedem Garten wachsen in Pflanzschalen Sämlinge und Stecklinge heran. Sie sind ein Zeugnis für das Können, für die Geduld und für die Sparsamkeit des Gartenbesitzers.

Oft läßt der Vorgarten auf den Garten hinter dem Haus schließen. Die reiche Bepflanzung vor diesem Cottage in den Cotswolds mit ihrer auf die Straße überbordenden Halskrause von Blaukissen, Steinbrech und Veilchen sowie die Geißblatthaube über der alten Dorfpumpe bereiten den Besucher auf die erstaunliche Vielfalt gärtnerischer Tätigkeit vor, die sich in dem kleinen Garten hinter dem Cottage entfaltet. Ein Rasenrechteck und der Gemüsegarten werden von zwei Gewächshäusern flankiert, zu denen sich glasbedeckte Pflanzkästen, eine Beregnungsanlage, sowie an Spalieren gezogene Birnen, ein kleines Beet mit Staudenraritäten und — eine Sammlung von Bonsai gesellen, die natürlich aus Samen gezogen sind!

Kencot
Oxfordshire

Rosen und Glyzinen, nebeneinander gepflanzt, ergeben einen besonders schönen Anblick. Aber wenn die bläulichviolette Glyzine abgeblüht ist, sollte eine Kletterpflanze bereitstehen, die schon vor dem Vergilben der Glyzine zu blühen beginnt und dann noch lange durch ihren Flor erfreut. Die Sammetmalve (*Abutilon vitifolium*) ist für diesen Zweck ideal. Sie gilt zwar als empfindlich und wird aus diesem Grund nicht allzu oft gepflanzt. Gibt man ihr jedoch eine warme Wand, dann wächst sie rasch bis drei Meter hoch. Sie hat reizvolle weinlaubartige, graugrüne Blätter und zierliche weiße oder bläulichviolette, an Stockrosen erinnernde Blüten.

Burford
Oxfordshire

In der sonnendurchfluteten Südecke am Ufer des Flusses Windrush, wo das Rauschen des Wassers den Lärm der nahen verkehrsreichen Brücke überlagert, behagt es diesem kleinen heiteren Garten sichtlich. Der Besitzer hat die Bepflanzung der Stützmauern einfach gehalten: Blaukissen und Steinbrech machen im Hochsommer Platz für rot, rosa und gelb blühende Sonnenröschen (*Helianthemum*); der Rest des Gartens ist erleseneren Stauden vorbehalten, die das gleichmäßig feuchtwarme Kleinklima mögen.

Churchill Oxfordshire

Atemberaubende Wirkungen erzielt man in einem Garten nicht notwendigerweise nur mit sichtbarer Anstrengung oder komplizierter Pflanzung. Der größte Erfolg ist oft der instinktiv richtig getroffenen Schlichtheit beschieden. Was könnte verlockender sein als dieser Eingang zu einem dörflichen Garten mit der Blütenmilchstraße von *Clematis montana* und den ihr zu Füßen gesetzten Irissorten, die noch lange weiterblühen, wenn die Clematis ihren Flor beendet hat.

Es gehört Mut dazu, einer üppig wachsenden Kletterpflanze wie der *Clematis montana* freien Lauf zu lassen und einen so starken Gebrauch von einer einzigen Spezies zu machen; aber wie man sieht, hebt die Wirkung der Girlanden von sternförmigen Blüten um ein einfaches Cottage herum die Pflanzung über das Gewöhnliche hinaus und macht sie zu etwas Besonderem. An einem Gebäude mit reicheren Schmuckelementen wäre eine solche Bepflanzung jedoch fehl am Platz, da sie die architektonische Schönheit eher verschleiern als unterstreichen würde.

Es gibt wenig, was dem Auge eines Gartenliebhabers so schmeichelt wie solche Reihen von jungem Gemüse vor dem Hintergrund eines dunklen, gut bearbeiteten Bodens. Die aufgehenden Großen Bohnen, frühen Erbsen, verschiedenen Kohlsorten und die ersten Stangenbohnen zeigen, daß der Gartenbesitzer richtig investiert hat; denn der Küchengarten zahlt ‚Dividenden' sowohl in Form von Freizeitvergnügen als auch in klingender Münze.

Die Akelei (*Aquilegia vulgaris*) ist, wie Shirley Hibberd in seinem Buch ‚Bekannte Gartenpflanzen' (1897) sagt, „eine altmodische Gartenpflanze, die jeder kennt und liebt und der doch nur wenige gärtnerische Sorgfalt widmen". Chaucer und Shakespeare erwähnen sie, und der Botaniker John Parkinson glaubte, daß ein Absud von den Samen der Pflanze im Wochenbett unterstützend wirkte. Die Akelei ist eine winterharte Staude für sonnige oder halbschattige Standorte. Die Einzelpflanze ist nur kurzlebig, aber sie sät sich bereitwillig aus. Es gibt viele verschiedene Arten und Zuchtformen in vielen Farben: von Weiß-, Rot- und Gelbtönen bis zu „Kieselsteinblau oder Nachtbraun", wie Parkinson schreibt.

Hidcote Boyce
Gloucestershire

Die Schönheit mancher Gartenpartien beruht nicht immer auf der bewußten Anwendung von Kunstgriffen seitens der Besitzer, sondern sie kann sich ganz einfach von der natürlichen Anmut der Pflanzen herleiten, die in einer wie selbstverständlichen Gemeinschaft wachsen. Hier gibt die Wand aus honigfarbenen Cotswoldssteinen einer Efeukaskade Halt und wird von rubinroten Pfingstrosen gekrönt. Während blaßblauer Flieder und violette Iris gerade verblühen, treten Rosen und Lavendel ihre Nachfolge an.

Die Philosophie des Laissez-faire paßt gut zu Menschen, die über ihren Garten hinaus denken und ihre Fähigkeiten in den Dienst der Dorfverschönerung, seien es Beleuchtungsmasten oder öffentliche Briefkästen, stellen und zu diesem Zweck Stauden beziehungsweise Gehölze pflanzen, die mit einem Minimum an Pflege auskommen und trotzdem gut wirken. Hierzu eignen sich besonders die vielen Sorten der Zwergmispel (*Cotoneaster*). Auf gut dräniertem Boden wachsen sie ohne Schwierigkeit und bedürfen kaum eines Rückschnitts. Einige immergrüne Arten legen sich fächerförmig an die Mauern, blühen im Frühsommer und tragen später glühend rote Beeren. *C. conspicuus* ‚Decorus‘ und *C. microphyllus* sind beide zuverlässig immergrün; *C. horizontalis*, der ‚Fischgräten‘-Cotoneaster ist Stammgast in alten Cottagegärten; *C. apiculatus* hat aber größere Früchte und schöneres Laub.

Constantine Cornwall

Ein Garten, der so verborgen hinter dieser Tür mit dem Gitterfenster liegt und der durch eine hohe Eibenhecke beschützt wird, muß, so sagte ich mir, so sein wie „‚Der geheime Garten' der Frances Burnett, die auch den ‚Kleinen Lord Fauntleroy' geschrieben hat. Meine Erwartung wurde noch durch die Enkelin des Besitzers gesteigert, die neben mir herlief und aufgeregt von „Omas schönen Blumen" erzählte. Ich wurde nicht enttäuscht: Wege mit exakt geschnittenen Buchsbaumrändern faßten Nelkenbeete sowie alte Rosen ein und schufen auf diese Weise die besondere Art von klar gegliederten, kleinräumigen Gartenteilen, durch die ein Haus des 18. Jahrhunderts ursprünglich erst vollständig wurde, lieferte ein solcher Garten doch alle Blumen, die man drinnen benötigte.

Welches Vergnügen bereitet es dem Gartenfreund, wenn duftende Pflanzen an der Gartentür versammelt sind, so daß er beim Eintreten und beim Verlassen des Gartens von Wohlgerüchen begleitet wird! Die graugrünen Samtblätter des Balkan-Storchschnabels, (*Geranium macrorrhizum*) haben einen würzigen Duft, der sich gut mit dem scharfen Zitronengeruch der Minzen verträgt. Diese Stauden wachsen zu Füßen einer schönen *Magnolia sieboldii*, deren zart duftende Blütenkelche die Angewohnheit zu haben scheinen, dem Betrachter immer direkt ins Auge zu blicken.

Woodcote
Gloucestershire

Die hellblauen Glöckchen der Traubenhyazinthen sind verblüht und werden zu Samen, aber der Weg in diesem Cottagegarten bleibt durch die schlichte Anordnung von Goldlack, Primeln, Hornkraut und Blaukissen voller Leben. Die Wege und die Bepflanzung sollten immer dem Stil des Eingangs zum Cottage entsprechen — in diesem Falle werden die strengen Geraden der Fenster und der Tür wieder aufgenommen durch die Nüchternheit des mit dem Lineal gezogenen Weges; aber die Zierelemente der Gartentür lassen kein Gefühl der Eintönigkeit aufkommen; sie bilden den notwendigen Abschluß des Weges mit dessen Blumeneinfassung.

Cadgwith Cove
Cornwall

Eschscholtzia, der Kalifornische Mohn; *Gladiolus byzantinus*, die hübsche weinrote Gladiole, die wild auf der im Sommer ausgedörrten Insel Kreta wächst; goldgelbe Ringelblumen und karmesinrote Rosen — alle umtanzen das leuchtende Weiß und Blau der Cottagemauern, ein lebhaftes Farbenspiel, das für viele Gärten in Cornwall typisch ist. Gartenliebhaber in aller Welt können hier etwas Grundsätzliches lernen: Die Massierung von Blumen mit einem beherrschenden Farbton hat eine unmittelbare Wirkung auf die Stimmung des Betrachters: „Wenn man an einem sehr trüben Tag einen ‚goldenen' Garten betritt", schrieb Gertrude Jekyll, „ist es, als komme die Sonne hervor."

Cadgwith Cove
Cornwall

Hier schmiegt sich die Staudenrabatte an einen gewundenen Fußweg vor einer uralten Bierschenke, die einst ein Schmugglernest war. Ein steiler Weg führt vom Meer in das versteckte Dorf herauf. Das graue Reetdach ist dann eine angenehme Überraschung nach all den tristen Granitmauern und Schieferdächern der Umgebung. Und welche Freude, darüber hinaus noch eine unerwartete Fülle von Farbe und Duft vorzufinden! Geißblatt klammert sich an die Mauer, und eine Fuchsienhecke entwickelt langsam ihre karmesinroten nickenden Blüten, während auf dem gegenüberliegenden Beet der krausblättrige Türkische Mohn sich hinter einem Storchschnabelkissen emporreckt und die graupelzige Königskerze in die Höhe strebt.

Buryas Bridge
Cornwall

Im Schutze der vielen Buchten und Flußtäler an der Südküste Cornwalls kann man atemberaubende Gärten finden. Die warme Brise vom Golfstrom, herrlicher Sonnenschein und gut dränierter Boden sorgen vereint für subtropisches Wachstum, so daß man mit einigem Geschick seinen Garten schneller als anderswo zu ansehnlicher Wirkung bringen kann.

Dazu heißt es in einem alten Text: „Die Erde ward fruchtbar durch der Ströme Fluth. Dufftende Kreutter und heitre Blumen bringt sie herfür. Und wenn der gestrenge Winter in trüberen Gegenden die Stirn runtzelt und lastet auf Mensch und Natur, dann knospet hier alles und grünt, und Früchte erntest du ohn' Unterlaß."

Diese Gartenliebhaberin hat in zwölfmonatiger Kraftanstrengung aus einem verunkrauteten Brachland einen zauberhaften Garten gemacht. Sie teilte das Feld in viele kleine Beete, bepflanzte sie mit selbstgezogenen Sämlingen und Stecklingen und legte unregelmäßig verlaufende Wege dazwischen an, die zu einer erhöht liegenden sonnigen Terrasse nahe am Haus führen. Dort hat man inmitten von duftenden Pflanzen einen herrlichen Blick hinunter zum Fluß und auf die Flieder- und Holundersträucher, die das Anwesen begrenzen. Eine Terrasse, von der aus das Gelände abfällt, ist vorteilhaft für Gärten jeder Größe.

Im wandernden Schatten hoher Bäume und auf gut dräniertem, lockerem Boden fühlt sich der Rote Fingerhut (*Digitalis purpurea*) sichtlich wohl und sät sich freigebig aus. Er ist auf den britischen Inseln und in Mitteleuropa heimisch und wird zusammen mit seinem gelbblühenden Vetter, dem Großblütigen Fingerhut (*Digitalis grandiflora*), seit etwa 1500 in den Cottagegärten sehr geschätzt. Fingerhüte sind winterharte zweijährige Stauden. Sämlinge des Frühsommers können im September an Ort und Stelle gepflanzt werden. In der Rabatte erzielt man mit den außerordentlich hohen, dicht besetzten Blütenschäften der ‚Excelsior'-Hybriden die beste Wirkung.

Nancenoye Cornwall

Die Sorgfalt, mit der ein Gartenliebhaber seine Pflanzen aufzieht, entspricht oft der Zuneigung, die er für sie empfindet. So ist es denn auch selbstverständlich, daß bei einem Umzug besonders geschätzte Pflanzen genauso mitwandern wie die Möbel; denn ein vertrautes Wesen ist in einer fremden Umgebung ein Trost für das Herz. Jeder Quadratzentimeter dieses kleinen Gartens in Cornwall ist mit solchen alten Bekannten und Lieblingsblumen bepflanzt, und überall trifft man auf eine gelungene Komposition von Blüten und Farben.

In seinem Buch ‚Die alten Strauchrosen' berichtet Graham Stuart Thomas, daß er in einem Garten einen Busch ‚Fantin-Latour'-Rosen fand, den der Besitzer nur ‚Die beste Gartenrose' nannte, weil er den wirklichen Namen nicht wußte. Und in der Tat ist sie eine der besten alten Rosen. Sie blüht zwar nur einmal und zwar im Frühsommer; aber sie bildet einen kompakten Busch, der immer ordentlich aussieht, sie ist ausgesprochen wüchsig und mit köstlich duftenden perlmutt-rosa Blüten übersät.

Constantine Cornwall

„Keine einjährige Pflanze eignet sich besser für eine warme Böschung oder ein voll besonntes Beet", schrieb Gertrude Jekyll über den Kalifornischen Mohn (*Eschscholtzia*), diesen wahren Sonnenanbeter, der seine Blütenblätter abends fest zusammenfaltet. Aufgestöbert wurde er zuerst von den Spaniern in der Neuen Welt, und die Blüten bedeckten ganze Gebiete so dicht, daß man die Region ‚Land des Feuers' nannte. 1833 fand der Mohn seinen Weg nach England, und später wurde er das Blumensymbol seiner Heimat Kalifornien. So ist es nur zu verständlich, daß Eschscholtzien in jedem Eckchen dieses Gartens zu finden sind, der einer ehemaligen Amerikanerin aus dem ‚Land des Feuers' gehört.

Risse und Spalten in Granitstufen, die zu einer langen Terrasse führen, sind der ideale Ort für die porzellanblaue Mauretanische Winde (*Convolvulus mauritanicus*) und das Zwerg-Erigeron mit seinen winzigen weißrosafarbenen, an Gänseblümchen erinnernden Blüten. Die Mauretanische Winde benötigt in kühlerem Klima warme und gut dränierte Stellen. Im Vergleich dazu ist das Zwerg-Erigeron leicht zu ziehen. In sandigem Boden versamt es sich in jede Ecke und Ritze des Gartens. Kleine Bodendecker wie diese kann man benutzen, um eine Verbindung zwischen Mauern und Stufen und dem Hauptteil des Gartens herzustellen.

Fremington Devonshire

In diesen Garten kann man auf zweierlei Weise gelangen: einmal durch eine Holztür, an der eine Tafel mit einem Gedicht befestigt ist:
„Langsam soll Dein Schritt hier sein,
Stell Dich auf die Stille ein!“,
zum andern durch einen Torbogen, der mit verlockenden Rosen bekränzt ist. Dahinter begrüßt der Garten den Besucher mit einer schier unglaublichen Intensität von Farbe, Duft und Bienengesumme: Hochstammrosen ragen aus üppigen Nelkenpostern und heiter blickenden Stiefmütterchen empor, Thymianflächen schwimmen wie Inseln in einem Meer von verwilderten Königslilien, die ihre Grazie und ihren Duft zu diesem Traum von Garten beisteuern.

Fast fünfzehn Jahre hat das Besitzerehepaar gemeinsam gearbeitet, um sein Ideal von einem Cottagegarten auf einem verwahrlosten Feld eines ehemaligen Adelssitzes aus dem 18. Jahrhundert zu verwirklichen, von dem nur die schönen Ziegelmauern und das elegante Aussichtstürmchen aus dem Jahre 1747 übriggeblieben sind. Der Garten ist in einzelne Bereiche gegliedert, deren jeder einen eigenen unverwechselbaren Charakter hat. Aber die beiden Leitmotive des Gartens halten die einzelnen Teile zusammen: erstens sind es die zahllosen Arten von alten Rosen, und zweitens ist es die ausschließliche Wahl von Pflanzen, die für einen Cottagegarten typisch sind.

Ob der kugelige Blütenstand von *Allium christophii* wohl aus winzigen Lavendelsternen besteht? Wie die anderen Mitglieder der Gattung Lauch (einschließlich Knoblauch, Speisezwiebeln und Schnittlauch) bildet er einen Blickfang im Blumengarten. Alle Arten tragen ihre Blütenköpfe auf robusten Stengeln, die senkrecht aus einem Büschel von linealischen Blättern emporstreben. Wenn man die Blätter quetscht, riechen sie nach Zwiebeln.
Allium moly, der Goldlauch, soll Odysseus davor bewahrt haben, in ein Schwein verwandelt zu werden — wenigstens steht es so bei Homer. Und viele Jahrhunderte lang wurde er als Ingredienz von Zaubertränken sehr geschätzt.

Mrs. Earle schrieb in ihrem ‚Potpourri aus einem Garten in Surrey‘ (1897): „Zieht man Pflanzen in Töpfen oder Kübeln, Vasen oder Gefäßen aller Art, sei es in einem kleinen oder in einem großen Garten, dann hat man einen enormen Zuwachs an gärtnerischem Vergnügen und erzielt obendrein besondere Schmuckwirkungen.“ Hier ist die reizlose ‚Wüstenregion‘ einer gepflasterten Terrasse in eine üppig blühende Erweiterung des Hauptgartens verwandelt worden. Als krönender Abschluß wurde die Hauswand mit Kletterrosen, Glyzinen, Clematis und Cotoneaster berankt, alles Pflanzen, die man auch in Töpfen und Kübeln halten kann, wenn der Mutterboden nicht zugänglich ist.

Shamley Green
Surrey

Wie auf einer Ansichtskarte liegt dieses Bauernhaus mit seinem überquellenden Blumengarten friedlich inmitten von hügeligem Weideland in Surrey. Hinter dem Ritterspornschleier befinden sich Rabatten und Beete mit Erbsen und Stiefmütterchen, Kohlsorten und Ringelblumen, Nelken und Dahlien, und dahinter Bienenkörbe, Obstbäume und kleine Gewächshäuser, in denen die Besitzerin besondere Schätze, wie zum Beispiel den Stechapfel mit seinen Trompetenblüten, zieht. Ihre Gartenarbeit wie auch das Kommen und Gehen ihrer Kinder und Enkel wird von einem alten grünen Papagei kommentiert, dessen Stammplatz der Apfelbaum ist.

Die Königin der Blumen, die Rose, ist die Lieblingsblume der englischen Gartenbesitzer, „geschätzt von allen Klassen und Altersgruppen“, heißt es in einem alten Text, „vom kleinen Dorfbuben, der seyner Schwester Haar mit einem Krantz von Heckenrosen schmůckt, bis zur Prinzessin, die sie in ihrem edelsteinbesetzten Brautstrauss hållt, ůberall bringt sie Entzůcken, im Garten des Arbeiters und im Treibhauss des Hochadels.“ Aber nirgendwo, scheint mir, ist die Rose mehr zu Hause als in einem Cottagegarten, wo sie einfach als Steckling dem Boden anvertraut wird und dann als Krönung des Gartens ihre Fülle von duftenden Blüten hervorbringt.

Shamley Green
Surrey

Gertrude Jekyll hat die Hausbesitzer in ihrem Buch ‚Rosen' darauf hingewiesen, daß sie „häßliche Teile ihres Hauses oder Grundstücks durch freiwachsende Rosen verschönern" können. Dieser richtige Ratschlag wird weitgehend befolgt. Darüber hinaus kann man aber auch unansehnlich oder unbedeutend erscheinenden Gegenständen durch Rankpflanzen Gewicht verleihen. Hier zum Beispiel gewinnt eine einfache weiße Lattentür durch den Rosenbogen die Eleganz eines schmiedeeisernen Tores.

Verglichen mit dem Filigranwerk der modernen Staudenrabatte im Hintergrund wirkt das Rosenbeet in der Stiefmüttercheneinfassung eher viktorianisch steif; denn damals war es Mode, Rosen in Beete zu pflanzen und diese durch Kieswege vom übrigen Garten zu isolieren. Das war dann das ‚Rosarium', wie es William Paul in seinem Werk ‚Der Rosengarten' (1848) vorschwebte. Moderne Teehybriden und Floribundarosen kommen in der Tat besser gruppenweise zur Geltung als einzeln; denn sie wachsen nicht so hoch wie die alten Strauchrosen und würden inmitten von anderen Blumen zu anonym wirken. Außerdem ist ihre Pflege recht aufwendig; sie müssen viel geschnitten und gespritzt werden, und das letztere bereitet weniger Mühe, wenn die Rosen in Gruppen gepflanzt sind.

Cranleigh Surrey

Es ist ein ungeschriebenes Gesetz, daß der Garten dem Besitzer mit zunehmendem Alter immer größer zu werden und mehr Arbeit zu erfordern scheint. Wenn er keine Hilfe anheuern kann, bleibt ihm oft nur die Wahl zwischen zwei Möglichkeiten: Entweder er verzichtet auf die Blumenbeete, pflanzt Bäume, Sträucher oder Bodendecker und verkleinert die Rasenfläche durch eine Kiesschüttung oder durch Pflasterung (was jedem echten Gartenliebhaber gegen den Strich ginge), oder er zieht in einen kleineren Garten um, wo er seinem ‚Blumen- und Grasvergnügen' weiter nachgehen kann, ohne sich abmühen zu müssen. Dieser Garten ist ein Beispiel für die letztere Möglichkeit.

Wenn man ein erhöhtes Beet mit einer Steineinfassung anlegt, erleichtert man sich die Pflege der dort wachsenden Pflanzen. Die Bodendecker, die hier noch im Jugendstadium sind, werden sich ausbreiten und später das Unkrautjäten unnötig machen, und auch keine der anderen Pflanzen beansprucht Pflege über Gebühr — ausgenommen vielleicht die rötlich-bronzefarbenen Fleißigen Lieschen, die zu Füßen der Steineinfassung in Reih und Glied stehen. Aber um eine gewünschte Wirkung zu erreichen, ist dem echten Gartenliebhaber keine Arbeit zuviel; denn die Fleißigen Lieschen ergeben im Verein mit den Steinen einen angenehmen Farbeffekt und mildern zudem den unvermittelten Übergang vom Rasen zum erhöhten Beet.

Cranleigh
Surrey

Die stille Farbharmonie, die hier durch das Goldgelb der Schafgarbe und das darüber schwebende Cremeweiß der ‚Schneewittchen'-Rose entsteht, erhält einen pikanten Akzent durch das Kardinalrot der zwischengestreuten Lobelienzweige. Gärtnern ist eine Kunst wie Kochen und Musizieren: Immer müssen Einzelteile zu einem vollkommenen Ganzen vereinigt werden. Auch die Malerei eignet sich zum Vergleich mit der Gartenkunst; denn in beiden Gestaltungsprozessen geht es um Farbe und Form, und die Wirkung der jeweiligen Endergebnisse kann Harmonie oder Kontrast, Zustimmung oder Ablehnung sein.

Dieser Gartenliebhaber aus Surrey wollte einen farbenfrohen Blumengarten schaffen, an dem er mindestens zehn Monate des Jahres Freude hat. Er wählte viele Pflanzen mit geflecktem oder farbigem Blattwerk und versammelte eine große Anzahl von Clematisarten und -hybriden um sich. Die Staudenrabatte breitet sich vor einer Pergola mit Rosen und Clematis aus, so daß eine ganze Seite des Gartens wie eine Blütenwand wirkt. Von einer erhöhten Terrasse mit ansprechendem immergrünem Niederwuchs wandert das Auge gemächlich von einer Farbgruppe der Staudenrabatte zur anderen; das Gewoge der warmen Töne und der kühleren Schattierungen mit ihrem scheinbaren Hervortreten und Zurückweichen betont die wellenförmige Anlage der Rabatte und macht den Garten optisch größer, als er ist.

Schaut man von dem gegenüberliegenden Teil des Gartens auf den Hausgiebel, der über dem Berg gelbgefleckter Gartenmelisse (*Melissa officinalis*), rotgetönter *Fuchsia gracilis* ‚Versicolor', Nelken und lavendelblauen Stiefmütterchen erscheint, dann fällt einem Gertrude Jekylls Bemerkung ein: „Ein Garten ist vor allem dazu da, dem Besitzer ein Gefühl von Glück und Frieden zu vermitteln. Und in der Tat eignet die Beschaulichkeit des oft schlichten und kleinräumigen Eigentums sich besser dazu als alle Reisen in die weite Welt."

Diese elegante kleine Gartenpartie zeigt besonders gut, welche Wirkung man mit einer gekonnten Kontrastbildung durch verschiedene Blattfärbungen, Formen und Wuchshöhen erreichen kann. Kanariengelb blühendes Pfennigkraut (*Lysimachia nummularia*) kriecht über graue Pflastersteine am Rande eines kleinen Teiches. Das Gelb erscheint wieder im Frauenmantel (*Alchemilla mollis*) und in dem gelbgefleckten Thymian, dessen winzige purpurrote Blüten sich unter die gelben des Pfennigkrautes mischen. Durch die spitzen weißgrünen Blätter des Goldflammenbandgrases wird die vertikale Dimension des Ensembles betont.

Longstock Hampshire

Die romantischen Vorstellungen von englischen Cottagegärten haben sich in den empfindsamen Gemälden von Helen Allingham niedergeschlagen: Rotbäckigc Kinder tanzen unter Hochstammrosen Ringelreihen, und Stockrosen strecken sich bis zum reetgedeckten Dach des Fachwerkhauses empor. Dieser Cottagebesitzer hat sich in den Kopf gesetzt, um sein neues Haus herum einen Garten á la Allingham anzulegen, mit all den Pflanzen, die seit Jahrhunderten in den Cottagegärten geschätzt werden. Und es ist ihm wirklich gelungen, durch eine geschickte Zuordnung von Pflanzen, Gartenform und Haus die natürliche Anmut und die zurückhaltende Schlichtheit des Vorbildes zu erreichen.

Albury Surrey

Im Jahre 1577 ließ sich Thomas Hyll über die verschiedenen Vorzüge von Gartenwegen aus: „Einer ist, dass der Eigenthůmer fleissig das Reich seyner Krâuter und Blumen beobachten kann; ein anderer ist, fůr seyn sorgenvolles Hertz zu finden Entzůcken und Trost in dem kőstlichen Anblick und Wohlgeruch der Blumen, welchselbiges er kann, wenn er die Wege in seynem Garten auf- und abschreitet." Dieser Cottagegarten in Surrey spiegelt in seiner schlichten Anlage Hylls wortreiche Vorstellungen wider. Wenn man die Wege zwischen den Blumenbeeten entlanggeht und dann einen Blick zurück auf das Haus und seine gewaltigen elisabethanischen Schornsteine wirft, dann kommt es einem vor, als befinde man sich in einem der verschwundenen Renaissancegärten des alten England.

Shamley Green
Surrey

Viele der traditionellen Blumen der Cottagegärten sind ausdauernd, blühwillig und gedeihen auch ohne viel Pflege; denn die meisten Eigentümer mußten sich früher ständig um ihren Lebensunterhalt bemühen und widmeten daher ihre Arbeitskraft eher dem Gemüsegarten. Nicht selten wurden Blütenpflanzen in der näheren Umgebung gesammelt und, nachdem eine züchterische Verbesserung ihrer Eigenschaften stattgefunden hatte, in die Gärten eingebürgert. Dagegen fanden viele Pflanzen, die aus anderen Teilen der Welt nach England eingeführt wurden, ihren Weg in die bescheidenen Cottagegärten erst auf dem Umweg über die Herrensitze des Adels, in dessen Gärten die neuentdeckten Arten akklimatisiert wurden. Zu den letzteren gehört der gelbblühende Felberich (*Lysimachia punctata*).

Cranleigh
Surrey

„Old Sally gehörte ein langes, niedriges, reetgedecktes Cottage mit diamantenen Fensterscheiben unter der Dachrinne und einem hölzernen Vorbau, der von Geißblatt überwuchert war. Sally hatte herrliche Blumen in Hülle und Fülle. Alle Rosen von Lark Rise schienen sich in diesem Garten ein Stelldichein zu geben." So geht eine alte englische Geschichte. Cottages zerfallen, und ihre Gärten werden ein Opfer des Pfluges, genauso wie Rosensorten in Mode kommen, eine Blütezeit erleben und dann in Vergessenheit geraten. Daher ist es ein Trost zu wissen, daß eine besonders schöne, aber nicht mehr erhältliche Rose, ‚Prunella Poulsen', in diesem Garten die wechselnden Moden überlebt hat und den Besitzer jedes Jahr mit einer unwahrscheinlichen zartrosa Blütenfülle erfreut.

Easton Hampshire

Lavendelbüsche vermischen ihren süßen Duft mit dem würzigen Wohlgeruch der weißblühenden Nelke ‚Mrs. Sinkins', die dem gewundenen Gartenweg zur Cottagetür folgt. Es handelt sich um eine duftende Nelke (entstanden aus der Federnelke, *Dianthus plumarius*), die gemeinsam mit den alten Gartennelken (entstanden aus *Dianthus caryophyllus*) und den Rosen und Lilien zu den traditionellen Schätzen des Cottagegartens gehören. John Parkinson nannte die Nelke den „Stolz unserer englischen Gårten", und Gerard schrieb, daß ein Konfekt aus ihren Blüten und Zucker „ůber alle Massen ein Trost der Seele" sei. Im 14. Jahrhundert wurde der Wein mit den Blüten einer weiß berandeten Nelkenart gewürzt.

Die Bartnelke (*Dianthus barbatus*) mit der hübschen englischen Bezeichnung ‚Süßer Wilhelm', eine Verwandte der Gartennelke, gehört ebenfalls in jeden Cottagegarten. Gerard schrieb: „Die Pflantze wird weder in der Kůche noch in der Heilkunst benutzt, aber ihre Schǒnheit schåtzen Alle, sei es als Ziehrde des Gartens, als Schmuck des Busens junger Mådchen oder als strahlender Stern in Guirlanden und als Diademe beim Tantz. Gott gab sie fůrs Auge, nicht für die Nase oder den Magen." Im 19. Jahrhundert nahmen die Floristen, besonders die schottischen, sich ihrer und ihrer Cousine, der Federnelke, an. Sie ist eigentlich ausdauernd, wird aber gewöhnlich als zweijährige Staude behandelt.

Easton Hampshire

Blühende Gartenplatterbsen, stämmige Margeriten, Erbsen mit ihren glänzenden grünen Schoten hinter Reihen von Karotten mit ihrem mehrfach gefiederten Blattschopf bilden gleichsam einen köstlich anzusehenden Willkommensteppich vor dem Haus eines pensionierten Berufsgärtners, der seine Laufbahn als Vierzehnjähriger in einer Mannschaft von sechzehn Gärtnern auf dem Herrensitz einer wohlhabenden Adelsfamilie begann. Heute, sagt er, sei Gartenarbeit viel leichter geworden durch all die neuen Maschinen, die chemischen Mittel und durch den Kunstdünger. Aber trotz aller Wunderwerke der modernen Wissenschaft seien alle unsere Bemühungen umsonst, wenn man die Pflanzen nicht zur rechten Zeit wässere.

Das Grundstück dieses pensionierten Professionellen enthält einen makellosen Gemüsegarten und eine ausgedehnte Staudenrabatte, eine Sammlung interessanter Sträucher, ein sorgfältig komponiertes Beet mit schönen Sommerblumen, ein ansehnliches Gewächshaus, Frühbeete und einen Komposthaufen. Sicher ist die Zahl der Gärten mit einem ähnlichen Inventar nicht gering, aber wenn ein Professioneller sich an die Arbeit macht, dann erhalten solche Gärten einen unverwechselbaren Anstrich, der aus dem Selbstvertrauen und der Meisterschaft herrührt, die der Gärtner in langen Lehr- und Wanderjahren erlangt hat.

„Komm, den Spaten her! Es gibt keine so alten Edelleute als Gärtner, Grabenmacher und Totengräber. Sie pflanzen Adams Profession fort."

Hamlet; William Shakespeare

Monxton
Hampshire

Die vielen verschiedenen Sorten von kriechendem Thymian eignen sich gut als Wegbegrenzung sowie als unkrautverdrängende Bodendecker und warten darüber hinaus von Ende Juni bis Ende Juli mit einem Meer von lavendelblauen und rosafarbenen Blüten auf. Tritt man auf einen solchen Thymusteppich, dann entströmt den Blättern ein starker Wohlgeruch. Diese Eigenschaft war sicher der Anlaß dafür, daß man in den Renaissancegärten Sitzplätze und Wege mit Duftpolstern von Thymus und Kamille umgab. In unseren Tagen hat Vita Sackville-West in Sissinghurst einen Thymusrasen von *Thymus serpyllum* angelegt und diesen mit der roten Form *coccineus* und mit weißblühendem Thymian durchsetzt, um Abwechselung hineinzubringen. Es gibt Sorten mit gefleckten Blättern (‚Golden Variegata', ‚Silver Poesie') und mit grauen Blättern (‚Woolly doerfleri').

Wo der Weg auf die geschwungene Auffahrt zum Haus trifft, läuft ein sichelförmiges Beet voller niedrig wachsender Stauden und Sträuchern aus. Jedes Ende des Beetes wird durch Senkgärten mit einer breiten Palette von Zwergstauden markiert. Die Kissen von *Campanula persicifolia*, der hellblauen Zwergglockenblume, passen gut zum lavendelblauen Thymian auf der gegenüberliegenden Seite des Fahrwegs, von wo aus weitere Wege in die anderen Teile des Gartens führen.

Die ideale Umgebung für Seerosen in einem Gartenteich besteht nach Gertrude Jekyll in „einem unmittelbar an das Ufer anschließenden, leicht ansteigenden und buschbestandenen Terrain sowie einem Hintergrund von höheren Bäumen, die diesem Gartenteil die notwendige Abgrenzung geben und eine ruhige Wasseroberfläche bewirken. Wichtig für das Gesamtbild ist zudem eine bewußte Schlichtheit in der Uferbepflanzung und der Verzicht auf zu viele Arten von Wasserpflanzen in dem Teich." Der Wassergarten auf der Fotografie kommt diesen Vorstellungen mit seiner sanft ansteigenden Uferpartie und dem angrenzenden Baumbestand sehr nahe, der störende Windbewegung und aufdringlichen Lärm aus der Nachbarschaft von dieser Enklave des Friedens fernhält.

Betritt man den baum- und strauchbestandenen Teil des Gartens mit dem Teich zur Rechten, dann hat man eine Art Grabhügel mit Blütensträuchern, einzeln stehenden Koniferen, Farnen, Funkien und der Kletterrose ‚Albertine' vor sich, der tatsächlich die gewaltigen Überreste eines umgestürzten Baumes bedeckt. Neugierig geworden, geht man weiter, um zu erkunden, was es auf der anderen Seite für Überraschungen gibt. Auf diese Weise erschließt man sich den Rest des Gartens.

Hochsommer

„Nun ist Juli, und der Welt gewaltig Auge, die Sonn', steht zuhöchst im Zenith ... und die ausgedörrte Erde lechzt nach Regen ... Die Hecken sind voll von Beeren ... Birnen und Pflaumen reifen jetzo in Eil' ... der würdige Landwirt macht Heu solang der Sonne Schein währt; denn wer jetzo faulenzet, büsset viel Thaler ein."

Die Zwölf Monate, M. Stevenson, 1661

Lebensprühende Farben und bezaubernde Düfte hat der vorangegangene Monat versprochen; jetzt im Juli geht alles in Erfüllung: und der Wohlgeruch von Lavendel und Lilien würzt den warmen Lufthauch des Sommers. Es ist die richtige Zeit, um über einige Gartenthemen des Hochsommers nachzudenken, wie zum Beispiel die Planung von Staudenrabatten, die Bedeutung des Duftes, die Bienen und schließlich über die Symbolik der Blumen.

Die Kunst des Anlegens von Staudenrabatten wurde von englischen Gärtnern um die Jahrhundertwende zur höchsten Blüte, ja, Raffinesse entwickelt. Besonders hervorgehoben werden muß dabei die unermüdliche Gertrude Jekyll. Durch ihre Zusammenarbeit mit dem Architekten Edwin Lutyens sind einige der schönsten Gärten auf dem Lande entstanden. Die Ursprünge dieser Entwicklung liegen aber bereits im 18. Jahrhundert, als die ersten Verfechter des Landschaftsgartens begannen, das Gesicht der englischen Gärten zu verändern.

Als erster lief Joseph Addison Anfang Juni 1712 in seiner moralischen Wochenschrift „Spectator" Sturm gegen die geometrischen Blumenbeete und die strenge Ordnung des Renaissancegartens und schrieb: „Die Chinesen schütten sich aus vor Lachen über die Gärten von uns Europäern, die wir mit Zirkel und Lineal an die Arbeit gehen; denn auch Dummköpfe können Bäume in Reih und Glied pflanzen. Anstatt daß unsere britischen Gärtner die Natur nachahmen, haben sie es sich in den Kopf gesetzt, so weit wie möglich von ihr abzuweichen."

Viele stimmten ihm zu, und da die Landadeligen sich gegenseitig in der Anbetung der Natur zu übertreffen trachteten, wurden unzählige Meilen von Buchsbaumeinfassungen gerodet, geometrische Blumenbeete in Rasen verwandelt und die Blumen in den Gemüsegarten verbannt. Jedoch ersetzte der Adel damit nur eine künstliche Ordnung durch eine neue; denn das Anlegen einer sogenannten „natürlichen" Landschaft bedeutete in vielen Fällen, daß ganze Baumgruppen abgeholzt, Dörfer eingeebnet und Flußläufe verlegt wurden.

Daß überhaupt noch Blumenbeete und Staudenrabatten als Elemente der Gartengestaltung überlebten, ist größtenteils den Gartenliebhabern in den Cottages zu verdanken. Wie man solche Blumenrabatten anlegen soll, beschrieb William Cobbett 1829 in seinem Buch ‚Der englische Gartenliebhaber'. „Alle möglichen Blumenarten", sagte er, „müssen in Rabatten gemischt, aber passend nach Farbe und Wuchsform gepflanzt werden. Außerdem muß durch die Auswahl der Pflanzen eine ununterbrochene Blütezeit vom Frühling bis zum ersten Frost gewährleistet sein."

Die einzigartige Miss Jekyll (1843—1932) hat mehrere Jahre später die ganze Bedeutung der harmonischen Farbenmischung erkannt und hat beschrieben, wie man die Myriaden von feinsten Farbnuancen sowie die Unterschiede in Blattwerk und Blütenblättern bei der Gartengestaltung einsetzt. Sie wußte, daß man es nicht zu einem Krieg zwischen warmen und kalten Farben kommen lassen darf, sondern daß nur sorgfältig überlegte Farbübergänge dem Auge schmeicheln; daß weiße und silberblättrige Pflanzen das I-Tüpfelchen einer Farbgruppierung sein können; daß Pflanzen mit annähernd gleicher Blütezeit zu einer Gemeinschaft vereint und nicht wahllos über die Rabatte verteilt werden dürfen und daß man die vollkommene Einheit des Gartens nur durch eine Abfolge sorgfältig geplanter Einzelkompositionen erreichen kann. „Wenn man die Pflanzen erstanden hat", schrieb sie in ihrem Buch ‚Farbzusammenstellungen für den Blumengarten', „kommt erst das Entscheidende; man muß nämlich jetzt eine überlegte Auswahl treffen und seinen Vorstellungen vom Endzustand des Gartens strikt folgen. Nur dann wird der Garten mehr als eine banale Routineangelegenheit, nur dann kann er als Kunstwerk bezeichnet werden." —

Im ganzen Monat Juli wetteifern die Wohlgerüche im Garten mit der Üppigkeit der Blüten um den Vorrang. Viele Gartenbesitzer sind überzeugt, daß „der Duft die Seele der Blüte" sei und wählen daher nur Pflanzen mit ausgesprochenen Duftnoten. Sie stehen damit in der Tradition der Gartenkunst des alten Persien. In einer durch Mauern geschützten Einfriedung wuchsen damals Rosen und Lilien; Bäche mit kühlem Wasser schlängelten sich zwischen den Beeten und bildeten hie und da Teiche — eine Duftoase in den Weiten der ausgedörrten Wüste.

Europäische Gärten des 15. und 16. Jahrhunderts übernahmen das persische Vorbild, und so finden wir hinter der Brustwehr der Burg oder des befestigten Rittergutes den sogenannten „Damengarten", einen Lustgarten mit duftenden Kräutern und Blumen: Salbei, Rosmarin, Lorbeer, Minze, Rosen, Lilien und Veilchen. In Geißblatt- und Rosenlauben konnte man selbst bei „brennender Hitze des Mittags wandeln selbander in gar wohlriechendem kôstlichem Schatten". Sitznischen waren mit Thymian und Kamille umpflanzt, und in diesem Garten gingen die Schloßherrin und ihre Damen den Vergnügungen der ritterlichen Liebesspiele nach.

Im Jahre 1625 verfaßte der englische Staatsmann und Philosoph Francis Bacon seinen Essay über ‚Die schickliche Anlage von Gärten'. Darin erklärt er, es sei nichts wichtiger als „zu wissen, welche Pflanzen und Blüten am besten die Luft parfümieren". Seiner Überzeugung nach eignen sich besonders Veilchen, die Moschusrose, vergilbende Erdbeerblätter und die schottische Zaunrose dafür. Goldlack solle man unter die Fenster setzen; Nelken, und Levkojen, Lindenblüten und Geißblatt seien auch sehr geeignet, während er den Duft von Damaszenerrosen und Rosmarin für zu flüchtig hielt, als daß er zur Duftsymphonie des Gartens beitragen könne.

Einige Blumen mit dem erlesensten Duft entfalten ihren Wohlgeruch erst nach Sonnenuntergang. Nichts kommt daher an einem windstillen Sommerabend dem Aufenthalt in einer friedlichen Laube gleich, die mit der nachtduftenden Levkoje *Matthiola bicornis* umpflanzt ist, dieser, bei Tageslicht betrachtet, eher schlicht gekleideten Kammerzofe, aber abends so betörend duftenden Königin von Saba. Zu ihrem Hofstaat gehören *Oenothera biennis*, die Zweijährige Nachtkerze, und *Mirabilis jalapa*, die Wunderblume aus Peru.

Die auch bei Tage duftaktiven Nelken, Heliotrop, Reseda und Lilien verströmen ihren intensivsten Wohlgeruch erst in der Abenddämmerung, während der Honigduft der Petunien durch die Abendkühle angenehm gemildert wird und sich mit dem Wohlgeruch der übrigen Gartenpflanzen harmonisch verbindet.

Ein Garten voller duftender Blumen ist der rechte Ort für Bienen und Schmetterlinge. Bienen suchen ihre Nahrung in den blaublühenden Kräutern und den rotbraunen Levkojen, während Nelken und Lavendel mit ihren blasseren Blüten die Schmetterlinge anziehen.

Vor längerer Zeit galt ein Garten auf dem Lande als unvollständig, wenn er nicht eine ansehnliche Reihe von Bienenkörben beherbergte. „Zu den schlechten Hausfrawen gehőret", schrieb William Lawson 1617 in ‚Unserer Landfrawen Garten', „die ihrer Pflichten unkundig und Bienen nicht hat". Bienen waren in einem Garten genau so wichtig wie die Blumen; denn Honig brauchte man sowohl zum Süßen der Speisen als auch zur Herstellung von Likör, und Honig war geschätzt als „vorzůglich Medizin bey åußeren und inneren Gebrechen". Bienen bestäubten die Blüten im Obst- und Ziergarten; ohne sie gab es kein Obst und keinen Blumensamen für das nächste Jahr.

Ein Gartenbesitzer in Suffolk hat seine Bienenkörbe in einer Nische der Begrenzungsmauer auf Börte gestellt und Fluglöcher mit verzierter Umrahmung nach außen durchgebrochen, damit seine Bienen direkten Zugang zu den Feldern haben. Es war früher üblich, daß der Haushaltungsvorstand den Bienen alle wichtigen Vorkommnisse in der Familie berichtete, da man glaubte, die Bienen seien beleidigt, wenn sie nicht als erste in den Besitz der guten oder der weniger guten Nachrichten gelangten: So sehr gehörten sie „zur Familie".

Imker rieben ehemals neue Bienenkörbe vor Gebrauch mit Fenchel sowie anderen süßen Kräutern ab und besprengten sie mit Honig, Bier oder anderen gesüßten Getränken; und der Schwarm wurde, wie es in einem alten Bericht heißt, zum Einzug in sein neues Heim „überredet", indem der Imker metallenen Töpfen und Becken „ein gar liebliches helles Klingeln" entlockte, denn „der Bienen Entzůcken ist die Musick".

Heutzutage findet man kaum Bienenstöcke in den Gärten; aber es lohnt sich, an Futterpflanzen für die Bienen zu denken: denn an Goldlack zum Beispiel oder Gurkenkraut, Salbei, Lavendel und Bergminze können die Bienen sich einen ganzen Sommer über laben. Insektenvertilgungsmittel darf man nur abends sprühen, wenn die Bienen nicht mehr umherschwärmen; denn sie gehen daran ebenso ein wie die Blattläuse.

Überall auf dem Lande wird im Juli die Schönheit des sommerlichen Gartens mit Blumenfesten in Kirchen und Rathäusern gefeiert. Fast immer kann man dann Blumenarrangements bewundern, in denen die ganze Pracht von Farbkompositionen zur Wirkung kommt; aber es gibt auch Blumenfeste, die einem bestimmten Thema gewidmet sind; dann versinnbildlichen die Arrangements jeweils bestimmte Aspekte davon.

Mit Blumen befassen sich auch viele Legenden. Alle Heiligen und Märtyrer der christlichen Kirche und ebenso die heiligen Männer und Frauen der jüdischen Religion haben bestimmte Blumensymbole. Pastor Hilderic Friend hat in seinem ausgezeichneten Buch ‚Blumenkunde' (1884) viele solcher Zuordnungen von Blumen im religiösen Bereich beschrieben und damit manche Anregung für Blumenfeste und häuslichen Blumenschmuck gegeben.

Am 2. Juli (in Deutschland am 15. August) wird Mariä Himmelfahrt gefeiert. Wie Sie sich vielleicht erinnern, wird die Heilige Jungfrau auf Gemälden oft mit einer *Lilium candidum*, der Madonnenlilie, in der Hand dargestellt. Der Überlieferung zufolge besuchten die Apostel drei Tage nach ihrem Tod das Grab und fanden es leer — bis auf Rosenkränze und Lilien, die es schmückten. Und Judith trug einen Kranz von Lilien als Schutz gegen Verzauberung, als sie mit Holofernes zusammentraf, und befreite auf diese Weise das jüdische Volk aus der Hand der Assyrer.

Das Fest der Heiligen Anna, der Mutter Marias, fällt ebenfalls in den Juli. Ihr ist die Kamille zugeordnet (*Matricaria chamomilla*), weil man deren botanische Bezeichnung frei als ‚geliebte Mutter' (*mater cara*) übersetzen kann.

Corpusty Norfolk

Im Jahre 1728 entwarf der Landschaftsarchitekt Batty Langley ‚Neue Prinzipien für die Anlage von Gärten'. „Ein als schön zu bezeichnender ländlicher Garten", verkündete er, „muß grüne Wiesenflächen, erhöhte Terrassen, Fontänen, Statuen und Obelisken enthalten; denn das Vergnügen an einem Garten hängt von der Vielfalt seiner Teile ab. Diese schaffen eine fortlaufende Anzahl von harmonischen Objekten, die stets neue und entzückende Anblicke vor unseren Augen eröffnen, wo auch immer wir spazieren. Regelmäßig angelegte Gärten sind dazu nicht imstande. Es gibt daher nichts Abstoßenderes als einen regelmäßigen Garten."
Langley hätte der Garten dieser Mühle aus dem 17. Jahrhundert sicher gefallen; er ist in der Tat einer der überraschendsten in diesem Buch, wenn nicht gar in ganz England!

Man wird in einem ungeahnten Maße von der Vielfalt der Pflanzen überrascht, ganz zu schweigen von der Menge der romantischen „Ruinen" und anderen architektonischen Exzentrizitäten, die von den Eigentümern aus vorgefundenen Bauteilen, Felsensteinen und Kopfsteinpflaster errichtet wurden. Diese Baulichkeiten geben den sehr verschiedenen Teilen des Gartens einen gewissen Zusammenhalt, sie sind nicht nur bloße Dekoration. Gehen Sie, zum Beispiel, in die Grotte hinein und folgen Sie dem Aufgang bis zu einer Schießscharte, die mit einem kleinen Eisengitter versehen ist; blicken Sie hindurch, und Sie haben den Fluß und die Felder dahinter wie eingerahmt vor sich; innerhalb des Türmchens führt eine Wendeltreppe in die Spitze, von wo aus sich eine weitere überraschende Aussicht auf den Garten öffnet. Diese abwechslungsreichen Raumperspektiven erwecken die Illusion, daß der Garten viel größer sei als der eine Morgen, den er in Wirklichkeit umfaßt.

„Und die Rosen ... die Rosen! Wie sie die Baumstämme umkränzen und von den Zweigen herunterhängen, wie sie die Mauern emporklettern, sich ausbreiten an ihnen und in langen Girlandenkaskaden herabschäumen! Tag um Tag, Stunde um Stunde entfalten sie sich: schöne frische Blätter in Fülle — und Knospen! Winzig erst, dann schwellend und Wunder wirkend im Innern, bis sie aufbrechen und sich entfalten in Schalen von Duft ... Rosenduft überall im Garten." Dieser Abschnitt aus Frances H. Burnetts Buch ‚Der geheime Garten' fällt einem angesichts der üppigen Blüten einer Kletterrose ein, die aus einem Sämling unbekannter Herkunft entstand. Wie ein Wasserfall von Blüten ergießt sie sich über die Äste eines alten Apfelbaums in einem Garten, in dem jede Wegbiegung neue unerwartete und erstaunliche Anblicke enthüllt.

Die Besitzer haben keine Gelegenheit ausgelassen, um die Gartenbesucher zum Nachdenken anzuregen. Diese Nische zum Beispiel beherbergt eine Statue des St. Fiacre, der zusammen mit St. Phocas einer der Schutzheiligen der Gärtner ist. Fiacre war ein Keltenprinz des 7. Jahrhunderts, der in das Kloster von Meaux in Frankreich eintrat. Um seiner göttlichen Berufung zu folgen, wurde er Eremit. Der Abt versprach Fiacre so viel Land, wie er an einem Tag ‚umwenden' konnte, und dazu eine Hütte im Wald. Statt eines Pfluges wählte Fiacre einen angespitzten Stock und konnte auf diese Weise eine Grenzlinie um ein ansehnliches Stück Land ‚umwenden', wo er fortan in Abgeschiedenheit lebte. Vor der Nische stehen Gruppen von *Dactylorhiza elata*, dem Hohen Knabenkraut, Kandelaberprimeln, Funkien und herzförmige Goldkolben (*Ligularia*).

Die Kletterhortensie (*Hydrangea petiolaris*) schickt ihre weißlichen Blütenstände in die Äste eines überhängenden Baumes hinauf; darunter breitet sich das Greiskraut, *Ligularia* ‚Desdemona', mit seinen großen rotgrünen Blättern aus; Veilchen greifen auf den grasbewachsenen Weg über, und ein kleiner Rhododendron der Sorte ‚Tempelglocken' zeigt seine ordentlichen graugrünen Blätterzungen vor. Eine gemeißelte Steinurne markiert den Eingang zu diesem dichtbewachsenen Gartenteil, und der Zauber, der von der Szene ausgeht, belegt wieder einmal, wie wichtig malerische Elemente für die Gestaltung stimmungsvoller Gartenbilder sind.

Der Küchengarten befindet sich innerhalb der Mauern eines alten Getreidespeichers. Die Gemüsebeete sind geometrisch um ein zentrales Rondell mit Küchenkräutern angeordnet, und direkt dahinter stellt sich ein überkuppelter Gartenpavillon zur Schau. Erbsen ranken an ausrangierten Eisengittern, und der Duft von Rosen und Lavendel durchflutet die Luft. Von außen weisen zwei Reihen von kannelierten Säulenbasen mit triumphaler Gebärde auf den Eingang hin. Diese architektonische Extravaganz und das gewagte Nebeneinanderstellen von schlichtem Gemüse und einem sich eitel spreizenden Gartenpavillon spiegeln so recht den Humor und den leidenschaftlichen Planungsehrgeiz, mit dem die Besitzer diesen bemerkenswerten Garten gestaltet haben.

Marsham
Norfolk

Vor 35 Jahren war der Vorgarten dieses Hauses aus dem 18. Jahrhundert kostbar mit Sommerblumenbeeten in Buchsbaumeinfassung ausgelegt. Aber natürliche Trockenheit des Bodens machte das Wässern zu einer Plackerei, bis dem Besitzer der Einfall kam, Staudensamen und Rosenstecklinge zu sammeln, wo immer sich Gelegenheit dazu bot. Nun wachsen hier weit über hundert Rosenbüsche, und zahllose Stauden und Blütensträucher ziehen jede Art von Tieren an: Bienen, Schmetterlinge und insbesondere Vögel. Nur Tauben sind unerwünscht. Der leichte Boden wird jedes Jahr mit Blätterkompost verbessert. Beinwell (*Symphytum asperum*) ergibt ebenfalls natürlichen Dünger: Die Besitzer weichen kleingehackte Teile der Pflanze in einer alten Zinkbadewanne ein und benutzen die wäßrige Lösung als ausgezeichneten Blattdünger.

Wells-Next-The-Sea
Norfolk

Zu Füßen eines Eisenbahndamms glüht der Garten des Zollhauses in allen Farben: Die Rittersporne, Fingerhüte, Lupinen und hohe Glockenblumen-Hybriden wurden allesamt aus Samen gezogen, und zwar von einem Gartenliebhaber, der gleicherweise von dem Wert der Quantität wie der Qualität überzeugt ist. Im Frühling ist der Damm übersät mit Schneeglöckchen, Hyazinthen, Tazetten, Schlüsselblumen und Narzissen, deren Zahl sich ständig vergrößert, seitdem der Besitzer vor fast 25 Jahren zwei Zentner Blumenzwiebeln legte. Jedes Jahr entnimmt er dem Garten Dutzende von Stecklingen und vermehrt die Pflanzen durch Teilung, um sie Freunden oder Nachbarn zu schenken; denn getreu seiner Vorstellung von einem vorbildlichen Gärtner, möchte er seinen Blumenreichtum mit anderen teilen.

Wiveton
Norfolk

Ganze Wolken der karminrot blühenden Spornblume (*Kentranthus ruber*) bilden ein Blütentor, wo der Gartenweg auf die Terrasse eines Hauses aus dem späten 15. Jahrhundert trifft. Gerard hatte die Pflanze bereits 1597 in seinem Garten, schrieb jedoch, sie sei damals nicht verbreitet gewesen in England. Aber weil ihr besonderes Rot sehr populär wurde und sie sich gern in Gesteinsfugen versamt, wurde sie später in den Mauern und den Steingärten der Cottagegärten viel verwendet.

Manchmal entstehen die ästhetisch überzeugendsten Pflanzengruppierungen durch reinen Zufall und rühren von Blumen her, die sich von einem anderen Teil des Gartens her versamt haben. Man braucht sie nur etwas freizustellen, damit sie sich voll entwickeln und eine farbenfrohe Ecke wie diese schaffen können. Fingerhüte, Spornblumen und gelbe Schafgarbe, Taglilien und Tigerlilien, Stockrosen und Geißblatt ergeben im Zusammenklang mit Rosen und Clematis ein Gartenbild von schlichter Schönheit.

Es ist kein Wunder, daß es zu den besonderen Vergnügungen der Besitzerin gehört, im Sommer an diesem offenen Fenster zu frühstücken und den ‚gerahmten' Anblick zu genießen. Entwürfe für Hausgärten, die uns aus dem 16. Jahrhundert überliefert sind, sahen vor, daß man Blumenbeete in geometrischer Ordnung unterhalb der Fenster von Privatgemächern anlegte, damit man sich am ästhetisch befriedigenden Muster und am Blumenduft erfreuen konnte. Die formale Struktur dieser Ziergärten wurde durch niedrige Hecken aus Thymian, Lavendel und anderen Halbsträuchern gebildet, und die dadurch entstehenden Abteilungen bepflanzte man mit süß duftenden Blumen.

Cerne Abbas
Dorset

Der Anblick der Blumenzwiebeln auf dem Fensterbrett erinnert uns an die Schönheit des vergangenen Frühlings und läßt uns gleichzeitig an die Arbeit denken, die uns im Herbst bevorsteht. Das Poem ‚Hortulus' von Walahfrid Strabo, dem Mönch aus dem 9. Jahrhundert, enthält wortreiche (und oft erheiternde) Passagen über die Gartenarbeit. Die Mühen und Enttäuschungen, die dabei nicht ausbleiben, werden aber damals wie heute durch ermutigende Erfahrungen aufgewogen:

„Jene Blumen, die — mehr tot als lebendig —
In die neu gegrabenen Ackerfurchen umgepflanzt wurden,
Sind wieder grün. Unser Garten hat sie
Zurückgeholt ins Leben, hat sie wiederhergestellt!
Nun platzen sie aus allen Nähten."

East Coker
Somerset

„Liebe ersinnt und setzt fort jedwedes edle Thun. Sie macht es vor allem, dass meine Blumen und meine Båume ůppig spriessen. Denn das ist wahr: Niemandes Sammlung kostbarer Pflanzen kann gedeihen, er liebte sie denn.“ (John Rea, Flora: seu De Florum Cultura, 1665) Dieses Ehepaar bestellt seit sechs Jahrzehnten gemeinsam seinen Garten nach Reas Maxime. Was bekommt der Gartenliebhaber einer jüngeren Generation von ihnen als Gastgeschenk? Gemüse und Obst in Fülle — und eine Rose von wunderbarer Vollkommenheit aus dem Blumenbeet!

Um die Jahrhundertwende war dieses Cottage von einer hölzernen Veranda umgeben, die unter der Verlängerung des Reetdaches verlief. Eine kaum sichtbare Vertiefung im Rasen zeigt noch die Breite des geschützten Freisitzes an, der damals über und über mit schönen Blumen bedeckt gewesen sein muß.

Cerne Abbas
Dorset

Dieses ordentliche Gartenquadrat, das sich an eine lange Terrasse anschließt, legt Zeugnis von der Meisterschaft und dem Fleiß des Besitzers ab; denn eine Sommerblumenanlage wie diese erfordert viele Arbeitsstunden. Trotzdem hält der Besitzer dafür, daß sein Garten nicht übermäßig arbeitsintensiv sei; der Boden sei fruchtbar und krümelig nach vielen Jahren des Umgrabens und Düngens, und die Beete seien erhöht angelegt, so daß die Pflanz- und Pflegetätigkeiten sein Rückgrat nicht belasten. Meiner Meinung nach aber erleichtert ihm die Arbeit am meisten, daß er alle Aufgaben nach einem regelrechten Zeitplan bewältigt. Überall im Leben, besonders aber im Garten, ist Desorganisation die Zwillingsschwester der Saumseligkeit, und beide stehlen uns Zeit.

Strahlende Tagetes, rosagetönte Petunien, Lilien, Fuchsien und lavendelblaue Lobelien bilden das Gerüst dieses Gartenteils. In einem so kleinen Garten ist es weise, wenn man sich für ein bestimmtes Schema entschließt und dieses mit Verve ausführt. Alles andere würde den Eindruck des Halbherzigen erwecken.

Im Hochsommer stehen die Beete mit den einjährigen Sommerblumen im Vollflor. Die ‚Beetmanie' der Viktorianer ist oft getadelt worden; denn damals bekämpften die Blütenfarben sich in einer entsetzlichen Technicolor-Schlacht. Aber es gibt ja auch Farben, die sich gut miteinander vertragen, wie zum Beispiel hier im Korb an der Wand der dunkle Ton der Lobelie im Verein mit der etwas geisterhaften Blässe der Fuchsie. Obendrein ähneln sich die beiden Blumenarten in ihrer hängenden Wuchsform.

Nachdem der Gartenbesitzer sich für erhöhte Beete entschieden und die notwendigen Stützmauern aus Beton gegossen hatte, fand er, daß deren kalte Steifheit im Widerspruch zu dem lebendigen Wachstum der Blumen stand. Da begann er während der Kirchenbazare die Scherben auf den Ständen zu sammeln, wo man ‚Topfzerschlagen' spielte. Mit unendlicher Geduld befestigte er sie an den Einfassungswänden der Blumenbeete, so daß sich im Laufe der Zeit eine buntgemusterte Glasuroberfläche ergab.

Ansty
Dorset

Gertrude Jekyll schrieb, der Unterschied zwischen gekonnter und lediglich bemühter Gartengestaltung liege in der Fähigkeit des Besitzers, „jede einzelne Pflanze beziehungsweise jede Gruppe von Pflanzen mit solcher umsichtigen Sorgfalt und zielstrebigen Sicherheit zu setzen, daß sie zu einem Teil des harmonischen Ganzen werden." Das bezog sich sowohl auf die Blütenfarbe als auch auf die Blattform und die Blattfärbung. Pflanzen mit ‚Architekturcharakter', wie Yucca, Frühsommer-Königskerzen (*Verbascum vernale*) und der Riesen-Bärenklau (*Heracleum mantegazzianum*, die ‚Riesen-Kuh-Petersilie' der Engländer) eignen sich ebenso für die Gestaltung von schönen Gartenbildern wie Ligularie, Taglilie und Funkie auf unserem Bild.

Ansty
Dorset

Dieses Cottage und sein Garten befinden sich seit 150 Jahren im Familienbesitz, aber die Bepflanzung des Vorgartens hat sich in dieser langen Zeit nur wenig verändert; denn auf einem recht alten Aquarell ist der Baumstumpf genau so sorgfältig bepflanzt wie heute. Solche Kontinuität ist ein Trost in einer Zeit, in der so viele alte Gärten der Planierraupe von Spekulanten oder der unbedachten Bepflasterung im Do-it-yourself-Verfahren zum Opfer fallen.

Hitcham
Suffolk

In diesem Garten entdeckt man viele erlesene und ungewöhnliche Pflanzen. Kein Wunder, denn die Eigentümer sind Angestellte des Königlichen Botanischen Gartens in Kew, und daher muß ihr Garten, obwohl er ursprünglich als traditionsgemäßes Pendant zu dem alten Haus angelegt wurde, auch eine Heimstatt für die Kostbarkeiten bieten, die sie auf ihren Expeditionen nach Nepal und anderen exotischen Ländern gesammelt haben. Eine Abteilung des Gartens, der diesen Schätzen gewidmet ist, schmiegt sich an die schattige Seite des Hauses unter das Reetdach. Sie besteht aus einem Moorbeet und beherbergt eine Sammlung ungewöhnlicher ausdauernder Farne, dazu Erdorchideen und einige der sagenumwobenen blauen Mohnarten des Himalaya.

Dieser Garten wurde um die Silberweide und die Obstbäume herum geplant. So konnte man die Fläche in einzelne kleinklimatisch unterschiedliche Abschnitte teilen und erhielt auf diese Weise sowohl vollsonnige als auch schattige Pflanzquartiere, in denen man eine große Artenvielfalt unterbringen konnte. Der Bach, der das Grundstück durchquert, speist den Teich. Und einen Küchengarten gibt es natürlich auch!

Astilben, Funkien und Schafgarbe sind am kleinen Teich angesiedelt, in dem die purpurrot blühende Japanische Schwertlilie (*Iris laevigata*) vor dem Hintergrund der blaßlila Glockenblüten der Funkien wächst. Sie ist eine enge Verwandte der wunderbaren *Iris kaempferi*, die ebenfalls einen feuchten Standort verlangt, aber anders als *I. laevigata* eindeutig kalkmeidend ist. ‚Rose Queen' heißt die Kreuzung dieser beiden Irisarten; sie sieht, wie Graham Stuart Thomas schreibt, „mit ihren breiten Blütenblättern und den schönen anmutig nickenden Blüten in einem weichen Altrosa sehr eindrucksvoll im Garten aus."

Ganze Schubkarrenladungen von alten Kalksteinbrocken aus einer abgerissenen Scheune wurden dem Steingarten einverleibt. Winzige alpine Arten gedeihen hier gut in dem dränierten basenreichen Boden, ähnelt er doch dem Kalk- und Granitschutt zu Füßen der Felsen, die ihre ursprüngliche Heimat bildeten. Steinbrech- und Mauerpfefferarten recken hier neben Glockenblumen und verschiedenen Storchschnäbeln ihre Blütenstengel in der Gesellschaft der pelzigen Edelweißsterne und vieler anderer alpiner Pflanzen empor.

Lower Ufford
Suffolk

Durch eine charakteristische Einzelheit entsteht im Garten ein Brennpunkt, auf den alle anderen Elemente hinweisen. Hier wählte der Besitzer eine Einfassung von strotzenden Mittagsblumen (*Mesembryanthemum*) rund um den Fuß eines betagten Apfelbaumes, der keine Früchte mehr trägt, aber jetzt einer Clematis als Kletterstange und einer Mistel als Wohnsitz dient. Plinius schrieb im 1. Jahrhundert, daß gesäte Misteln nicht keimen könnten, der Samen müsse erst durch einen Vogel wandern, „in dessen Därmen er reift". Wie dem auch sei, dieser ansehnliche Mistelbusch wurde von der Hausherrin ‚gepflanzt', indem sie die Beeren nach einem Weihnachtsfest einfach in die Baumrinde steckte. Ein Mistelreis, das man von einem Apfelbaum pflück, gilt traditionell als Glücksbringer für die Familie.

Der leuchtende Gürtel von Mittagsblumen findet sich noch einmal am Fuße eines erhöhten Beetes, das mit einer farbenfrohen Mischung aus althergebrachten Sommerblumen bepflanzt ist: Stiefmütterchen, Petunien, Tagetes, Bartnelken und Steinkraut. Eine in Cottagegärten oft anzutreffende Blattpflanze ist der Halbstrauch *Tanacetum densum amanum*, ein silbergrauer Mop von feingefiedertem Blattwerk. Er fühlt sich in Steingärten besonders wohl. Im Hintergrund gibt ein Holzgerüst der Kletterrose ‚Albertine' den nötigen Halt, einer Rose, die seit ihrer Einführung im Jahre 1921 so beliebt geworden ist, daß es kaum einen Cottagegarten gibt, wo man sie nicht findet. Schade, daß ihre Blütezeit nur kurz ist, aber sie macht diesen Nachteil durch ein Meer von Blüten im Hochsommer wett.

Lower Ufford
Suffolk

Die Rabatte ist hier mit vielen der beliebten Stauden wohl ausgestattet: Azurblauer Rittersporn, goldgelbe Schafgarbe, Stockrosen und Madonnenlilien bilden das erste Stockwerk über dem Erdgeschoß aus Lupinen und weißen Sommermargeriten. Wenn man eine Rabatte auf diesem Qualitätsniveau halten will, muß man harte Arbeit investieren.
Dieser Gartenliebhaber schneidet die verblühten Blumen rechtzeitig ab und nimmt alle drei Jahre die Stauden hoch, um sie zu teilen und die Rabatte auf diese Weise zu neuem Leben zu erwecken. Dabei gräbt er die Beete um und entfernt die ausdauernden Unkräuter, die sich inzwischen eingeschlichen haben. Anschließend düngt er den Boden, um dessen Fruchtbarkeit zu erhalten.

Stockrosen findet man mit Sicherheit in jedem Cottagegarten, sei es im Hintergrund der Blumenbeete oder an der Hauswand. Jedes Jahr werden sie höher, bis die obersten Blüten eines Tages das Reetdach berühren. Dieses Kind des Vorderen Orients ist schon so lange in englischen Gärten heimisch, daß es erlaubt sein möge anzunehmen, daß die zurückkehrenden Kreuzfahrer sie mitgebracht haben. Die Cottagebewohner nutzten die Stockrose früher als Suppenkraut; und Gerard fand, daß die Vorzüge der Stockrose denen der Wilden Malve ähneln, aber die Stockrose sei weniger wirksam: „Die Malvenblätter sind gut gegen Skorpion-, Bienen- und Wespenstiche und ähnliches“, und ein Absud der Wurzeln und Blüten wurde als verdauungsförderndes Mittel empfohlen.

Lavenham
Suffolk

An der Heiligenpflanze (*Santolina chamaecyparissus*) schätzte man den scharfen Geruch des grauen Blattwerks und benutzte es zusammen mit anderen aromatischen Blättern in gemahlener Form als Streupulver gegen Fliegen und Ungeziefer. Getrocknete Stengel hängte man in Schränke oder legte sie zwischen die Wäsche, um Motten zu vertreiben. Zu Beginn des 17. Jahrhunderts berichtete John Parkinson, daß die Heiligenpflanze „vielerorts in den Garten gepflanzt wird, um die Blumenbeete einzufassen, denn zu diesem Behuf leidet sie jedweden Schnitt". Im Herbst schneidet man den Busch etwas zurück und stutzt ihn alle zwei bis drei Jahre im Frühling bis auf den Boden. Die Zwergform ‚nana' wächst ordentlicher und eignet sich gut für den kleinen Garten.

Von allen Blumen beschwört der Lavendel mit seinem Duft und seiner Gestalt am unmittelbarsten die Vorstellung von ländlichen Gärten in England. Eine Gruppe von Lavendelbüschen verströmt in der Mittagssonne einen Duft, der, wie William Turner 1551 schrieb, „die Sinne durchfåhrt". Solange die Lavendelblüten noch halb offen sind, kann man sie trocknen und in Schränke oder Schubladen legen oder sie zusammen mit Rosenblüten für Dufttöpfe oder Duftkissen verwenden. Der alte englische Lavendel (*Lavandula angustifolia*) wird 60 cm hoch; *L. „Alba"* erreicht dieselbe Höhe, hat aber weiße Blüten. Von den niedrigen Sorten blüht ‚Hidcote' im schönsten Dunkelblau, ‚Munstead' ist blasser, hat aber einen guten Duft, und ‚Nana rosea' hat rosafarbene Blüten. Entfernen Sie die abgeblühten Stiele, und schneiden Sie im Frühling kräftig zurück, ohne allerdings altes Holz zu verletzen!

Monks Eleigh
Suffolk

Die Besitzer dieses Hauses legen Wert darauf, daß die Kinder im Garten spielen können. Daher findet man allenthalben verwunschene schattige Nischen und gewundene Wege durch Gruppen von Blütensträuchern, sowie eine von Kindern besonders geliebte Geheimecke mit dem Namen ‚Der Ausguck', die im Augenblick mit Obstbäumen vollgepflanzt wird, weil sie sonst zu sonnig wäre. Einige Hausbesitzer sind der Meinung, Kinder und Garten seien unverträgliche Gegensätze, und in der Tat können Fußbälle und Verstecken spielende Kinder Gefahren für Beete mit kostbaren Pflanzen heraufbeschwören. Meiner Meinung nach aber können Gartenliebhaber die Zuneigung, die sie für ihre Kreationen empfinden, noch steigern, wenn sie den Garten als eine Erweiterung des kindlichen Universums auffassen und ihre Kinder auf diese Weise dazu erziehen, pfleglich mit der Natur umzugehen.

Lower Tasburgh
Norfolk

Der Eigentümer dieses Gartens ist Bildhauer. Es ist daher nicht verwunderlich, daß die Hand des Künstlers deutlich in der phantasievollen Anordnung ungewöhnlicher Pflanzen um ein Cottage herum zu spüren ist. Hier gesellt sich der grünlichgelbe Ziertabak *Nicotiana alata* zu der rosafarbenen Feuerlichtnelke und dem purpurblütigen Ehrenpreis. An anderer Stelle im Garten vertragen sich der *Acanthus mollis* und der Sternkugellauch (*Allium christophii*) gut miteinander, denn beide haben amethystfarbene Blüten und klare, aber unterschiedliche Wuchsformen. Die große Sommermargerite, wächst zusammen mit weißen Türkenbundlilien, und das graublättrige Samos-Brandkraut läßt das Cremeweiß der Moschusrose ‚Buff Beauty' deutlicher hervortreten.

Middleton Suffolk

Diese mit Buchsbaum eingefaßten Beete wurden in den 80er Jahren des 19. Jahrhunderts vom Großvater des jetzigen Besitzers angelegt, der außerdem zu Beginn des 20. Jahrhunderts viele größere Baumgruppen in der näheren Umgebung pflanzte. Heute haben sich diese zu Waldungen von großer Schönheit entwickelt, in denen viele einheimische Pflanzen und Tiere einen Lebensraum gefunden haben. Sowohl das private als auch das öffentliche Vermächtnis des Großvaters werden vom Enkel bewundert und in Ehren gehalten. Leider lassen wir heute kostbare Waldgebiete achtlos verkommen und berauben unsere Enkel vieler Werte, nur weil es uns an Voraussicht mangelt.

Hollesley Suffolk

Passionsblume und Geißblatt umkränzen den überdachten Hauseingang und senden ihre Blüten in die ‚New Dawn'- und ‚Schneewittchen'-Rosen hinein. Das Cottage wurde von einem Ehepaar liebevoll restauriert, das auf diese Weise mitgeholfen hat, die Erinnerung an das traditionelle Landleben in England wachzuhalten. Die kleine Küche hängt voller Gartengeräte aus früheren Zeiten, und Bilder von Cottagegärten zieren die Wände. Im Garten selbst wächst Baum- und Buschobst einträchtig mit althergebrachten Gartenblumen.

Middleton Suffolk

In den Fenstern englischer Cottages findet man stets einen oder mehrere Blumentöpfe mit dekorativen Blütenpflanzen. Das Fenster ist Gewächshaus und Frühbeet zugleich; und zwar kann es als Erweiterung der größeren Einrichtung draußen im Garten dienen, also als eine Art kleiner Spezialabteilung, in der man ständig ein Auge auf heikle Zöglinge werfen kann, oder es ist ganz einfach nur ein Ersatz für etwas, das man sich in größerem Stil nicht leisten kann.

Chrysanthemum maximum, die große Sommer-Margerite, die ursprünglich aus den Pyrenäen stammt, erschien 1816 zum erstenmal in englischen Gärten. Ihre Winterhärte, Zuverlässigkeit und Blütenqualität ließen sie rasch über ihre Vorgängerin, die schlichte heimische Margerite (*C. leucanthemum*) triumphieren, die seit dem 15. Jahrhundert in den Cottagegärten zu Hause war. Aus der Art *C. maximum* entwickelte der amerikanische Züchter Luther Burbank die großblumigen, einfachen ‚Shasta'-Hybriden, und aus seinen Pflanzen sind viele heute sehr beliebte Kulturformen entstanden. Einige sind gefüllt und haben schmale, gekrauste Blütenblätter, die elegant um das gelbe „Auge" angeordnet sind. Die Sorte ‚H. Seibert' hat riesige einfache, gekrauste Blüten; ‚Esther Read' und ‚Fiona Coghill' sind gute gefüllte Sorten.

Kersey Suffolk

Das Blumenfest der Kirchengemeinde fand gerade an dem Tage statt, an dem diese Aufnahme gemacht wurde, und die schönsten der dort ausgestellten Blumen stammten von diesem Beet mit Königslilien (*Lilium regale*).
Dicke Sträuße hatte die Gartenbesitzerin aus jener Phalanx von Prachtexemplaren herausgeschnitten, die in wohlabgestufter Rangordnung zusammen mit Großen Bohnen und Erbsen aufwachsen. In der warmen Sonne war der Duft überwältigend, und die Blüten glänzten wie Porzellan. Man kann sich mühelos vorstellen, was Ernest Wilson empfunden haben muß, als er 1908 in der chinesischen Provinz Hupeh eine Ebene entdeckte, in der Königslilien in einer alle Vorstellung übersteigenden Menge verwildert waren.

Eine weit ältere Bewohnerin der Cottagegärten ist die Madonnenlilie (*L. candidum*). Diesen Namen trägt sie erst seit dem späten 19. Jahrhundert. Vorher war sie nur unter der schlichten Bezeichnung ‚Weiße Lilie' bekannt. „Die Lilie kommt der Rose nahe an Wert und Adel", schrieb Bartholomäus Anglicus, ein Mönch aus dem 13. Jahrhundert, und auf unzähligen Renaissancegemälden erscheint sie stets als das Symbol der Jungfrau Maria. Die früheste europäische Abbildung der Lilie findet sich in einer Miniatur von St. Ethelreda aus dem 10. Jahrhundert, und bereits im 8. Jahrhundert hatte der ehrwürdige Beda sie zum Symbol von Mariä Himmelfahrt gemacht. Sie ist eine bescheidene Blume, die am besten in kargem Kalkboden wächst. Wenn sie flach gepflanzt wird und ungestört bleibt, vermehrt sie sich von Jahr zu Jahr und krönt den Garten mit ihren vollkommenen weißen Blüten, deren Schönheit und Duft ihresgleichen suchen.

Spätsommer

„Nun růhren die Erntejungen Buckel und Arme, und der Knechte heytere Schaar lädt auf die Wagen die Garben; Weyzen- und Rosinenbrey heißt zu Hauss den Erntewagen willkommen und der Blumenkrantz krönt den Auffseher des Gesindes; und Öl und Essig machen den Salatkräutern ihre Auffwartung, und die reiffen Frůchte hängen herab von den Zweygen und offenbaren der Erde Reichthum und Schönheit."

Die Zwölf Monate; M. Stevenson, 1661

In diesem Monat tritt eine Pause in der Gartenarbeit ein; die Blütenpracht des Sommers verblaßt, und allmählich setzen sich in den Blättern und Beeren die gedämpfteren Herbstfarben durch. Während im Küchen- und Obstgarten die Früchte reifen, kann der Gartenliebhaber etwas ausspannen, bevor die geschäftige Erntezeit beginnt.

Die Tage werden kürzer; an den kühlen Abenden legt sich ein leichter Dunstschleier über den Garten, und die zarteren Farbtöne gewinnen an Tiefe — die rechte Stimmung, um einigen Gedanken über die verschiedenen Formen des Obstgartens und anschließend über die Veränderungen im Gemüsegarten nachzuhängen.

Wegen seiner Hopfenfelder und Obstgärten wird Kent der Garten Englands genannt, und in der Tat erkennt man beim Wandern auf den engen Landstraßen dieser Grafschaft, daß die Obstplantagen verhältnismäßig klein sind und dadurch der Landschaft die Atmosphäre eines Privatgartens verleihen. Wie anders wirken da die prärieartigen Felder in Norfolk und Suffolk!

Einst war der Obstgarten ein wesentlicher Bestandteil des ländlichen Gartens; denn die Eigentümer schätzten neben frischem Gemüse aus dem Küchengarten vor allem reifes Obst und nahrhafte Nüsse. Doch befriedigte der Obstgarten keineswegs nur materielle Bedürfnisse, er diente auch der Erholung und dem ästhetischen Genuß, besonders wenn der Gartenliebhaber den Empfehlungen gefolgt war, die William Lawson 1618 in seiner Abhandlung ‚Ueber den Newen Obst- und Ziehrgarten' gegeben hatte: nämlich kleine Hügel in den Gartenecken anzulegen, Wege nicht zu vergessen, geschweige denn Ruhebänke inmitten von duftenden Kamillenbeeten, von wo aus man den Anblick der Obstbäume von der Blüte bis zur Ernte genießen und die zweckmäßige Anordnung der Pflanzung mit Genugtuung betrachten konnte, wohin man auch schaute.

Die Früchte der Himbeer- und Johannisbeersträucher mußten üppig auf die Wege herabhängen und Erdbeeren zu Füßen der Obstbäume wachsen. Veilchen und Primeln, Rosmarin und die Apfelrose hatten ebenfalls ihren Platz in Lawsons Obstgarten, und „silberne Bächlein lasse hindurch fliessen, auf dass Du sitzest auff Deynem Huegel und eine gesprenkelte Forelle, einen lißtigen Aal oder einen anderen kôstlichen Fisch fangest“. Und zur harmonischen Abrundung des Ganzen mußte Bienengesumme und Nachtigallengesang die Luft erfüllen.

Elf Jahre später beschrieb John Parkinson in seinem Werk ‚Paradisi in Sole, Paradisus Terrestris‘ einen Obstgarten, der mehr nach den Erfordernissen der Ertragsgärtnerei angelegt ist, wenn auch das Titelkupfer Adam und Eva bei der Pflege eines Gartens Eden darstellt, der eher Lawsons Vorstellungen entspricht.

Parkinsons Obstgarten war von einer Schutzmauer umgeben. Parallel zu dieser verlief ein breiter Weg, und zwischen beiden gab es eine Hecke von Rosen, Stachelbeeren und Johannisbeeren. An den wärmsten Teilen der Mauer, also nach Süden und Südwesten, sah Parkinson Spaliere mit dem empfindlichsten und frühesten Obst vor: Aprikosen, Pfirsiche und Nektarinen. An den anderen Teilen befanden sich Spaliere mit Pflaumen und Quitten. Im Obstgarten selbst standen Pflaume, Kirsche und Apfel, Birne und Haselnuß jeweils in diagonalen Reihen gleichmäßig voneinander entfernt, „dass keins das andre hindre oder verdůrbe“.

Und genau nach diesem Schema sind noch heute einige der älteren Obstgärten in Kent angelegt. Leider haben sehr viele ihr Aussehen verändert, da die Besitzer vielfach neue Obstsorten wählten, um überalterte Bestände zu ersetzen beziehungsweise sich an die Erfordernisse der Europäischen Gemeinschaft anzupassen. Auf diese Weise sind die althergebrachten Obstsorten seltener geworden, manche sind ganz verschwunden, und die Folge der Standardisierung ist ein faderer Geschmack und ein glanzloseres Aussehen des geernteten Obstes.

Auch die Küchengärten haben sich verändert. Das wird ganz deutlich an den Gemüsearten, die wir heute für Salate anbauen. Das moderne Sortiment ist sozusagen ganz entschieden weniger abenteuerlich als das, was John Parkinson im 17. Jahrhundert für unverzichtbar hielt: Rapünzelchen, Feldsalat, Kerbel, Senfkohl, Gänsefingerkraut, Rainfarn, Wiesenknopf (*Sanguisorba*), Fenchel, Ringelblumen, Gartennelken (*Dianthus caryophyllus*), und zwar eingemacht, sauer oder gezuckert, Zuckerwurzel (*Sium sisarum*) und Pastinakwurzel (*Pastinaca sativa*). Gegen Löwenzahn hatte er ein Vorurteil; denn das sei eine Wildpflanze, und „nur Welsche essen ihn und solche, deren Neugiehr sie unersåttlich jegliche Hervorbringung der Natur durchmustern macht, auf dass ihre Lůsste befriedigt wůrden".

Als Ort des Küchengartens bestimmte Parkinson einen Südhang, damit er in den Genuß der Sonnenwärme kam; zusätzlich war er mit einer hohen Ziegelmauer umgeben, so daß die Wärme sich länger hielt. Die feinen Blumen wurden aus dem Küchengarten verbannt, denn „der Gartenblumen Ansehen leydet, wenn Zwiebeln und Pastinakwurzeln sich zwischen dieselben mischen". Außerdem ändere der Gemüsegarten ständig sein Aussehen, weil bestimmte Arten geerntet würden und man düngen müsse, aus welch letzterem Grund man den Küchengarten fern von der guten Stube des Hauses halten solle!

Trotz dieser Einschränkung muß der Küchengarten damals ein hübsches Stück Erde gewesen sein. Wenn man zum Beispiel bei William Lawson nachliest, welche Kräuter die Hausfrau zu seiner Zeit als unbedingt notwendig erachtete, wird dies deutlich: *Crocus sativus* (zur Gewinnung des kostbaren Safrans), Iris (als Rohstoff für das medizinische Iriswurzelpulver), Nelken und Ringelblumen (zum Destillieren), Veilchen (für Süßigkeiten und Likör), Mohn, Malven, Lilien und die kadmiumgelbe Narzisse. Und im Schutze der Wand wuchs Edelobst. Welch köstlicher Ort war das damals! Man kann sich vorstellen, daß man ihn am Erntedanktag in die Gebete einschloß. Wie viele Anregungen aber kann der Küchengarten früherer Jahrhunderte auch den Gartenbesitzern unserer Zeit bieten, die gerne Blumen von anno dazumal und ein ganz kleines bißchen Gartenerfahrung ihrer Altvorderen auf dem Gemüsebeet erhalten möchten!

Die Gartenpraxis ändert sich ständig: Geräte werden vervollkommnet, und Wissenschaftler brauen ununterbrochen neue Mittel gegen Ungeziefer und Krankheiten zusammen oder machen Pflanzen einfach größer und besser, als sie waren. Aber es gibt auch Aspekte des Gärtnerns, die sich nur wenig geändert haben, wie zum Beispiel die Grundtätigkeiten im Garten. Das wird einem besonders klar, wenn man alte Gartenbücher studiert.

Darin findet jeder von uns Gartenliebhabern, was ihn am meisten interessiert, nämlich wie man ein tüchtiger Gärtner wird und wie man einen schönen Garten anlegen kann, der ein bleibendes Zeichen unserer Erfahrung und unseres gärtnerischen Könnens ist; welche Pflanzen man wählen soll und wie man sie behandelt; welche Raritäten und Exoten unserem Garten Glanz verleihen können, und — vielleicht das Wichtigste von allem — was andere Gartenliebhaber tun oder getan haben, um Unkraut auszumerzen, Riesenkürbisse zu ziehen, und wie sie ihren Garten zu einem Aufsehen erregenden Paradestück, beziehungsweise, was uns heute wohl mehr zusagt, wie sie ihn zu einem idyllischen Rahmen für ihre privaten Träumereien gemacht haben.

Um mit dem Mönch Walahfrid Strabo aus dem 9. Jahrhundert zu beginnen: Gartenbesitzer in der ganzen Welt können sicher nachempfinden, was er in seinem reizenden Poem ‚Hortulus' über seine erste Begegnung „mit jenem Fleckchen Erde, das nach Osten blickt", schreibt. Er sieht nichts als Brennesseln dort wachsen und fragt sich, wie wir alle getan hätten: „Was muß ich jetzt tun?", als sei das Land vor ihm ein widerborstiges Kind von häßlichem Aussehen, das nur er in sein Herz geschlossen habe.

Machen Sie jetzt einen Sprung von sechshundert Jahren und lesen Sie sich gemächlich durch Francis Bacons Gartenessay ‚Uͤber Gårten' (1625) hindurch. Dort finden Sie seine Forderung, daß es „in dem vorbildlichen Garten Abteilungen für jeden einzelnen Monat des Jahres geben möge, in denen jeweils die schönsten Pflanzen in ihrer Entfaltung bewundert werden können." Blättern Sie in einer Ausgabe des ‚Paradisi in Sole, Paradisus Terrestris' des Botanikers John Parkinson von 1629 und erfreuen Sie sich an seinen Beschreibungen bekannter Pflanzen, wie zum Beispiel der „wunderbaren gefůllten gelben Spanischen Pseudonarzisse oder Parkinson's Narzisse: Niemand besass selbige vor Mir, und auch Ich habe sie erst Anno 1618 zu Gesicht bekommen, denn sie ist meine eygene Zůchtung und sie hat zuerst in Meynem Garten geblůht." Gartenliebhaber ändern sich nicht, sie sind von jeher unbändig stolz auf ihre Erfolge gewesen!

Unternehmen Sie eine Rundreise durch schöne Gärten unter der Führung von Sir William Temple, der 1685 Moor Park in Hertfordshire „die gelungenste Gartenschöpfung des In- und Auslandes" nannte, und lassen Sie sich verzaubern durch seine Darstellung des vollkommenen Gartens des 17. Jahrhunderts mit seinen Grotten, Blumenbeeten, Fontänen und allem anderen, das den Menschen als Herrn der Natur auswies; denn eben diese Idee sollte im Garten jener Zeit verwirklicht werden. Heutzutage besuchen wir Hidcote in Gloucestershire, Hestercombe in Somerset und Sissinghurst in Kent, um mit dem Notizbuch in der Hand Anregungen zu erhalten. Obwohl die Gestalter der genannten Gärten beileibe nicht mehr die Natur beherrschen wollen, machen sie doch bereitwillig Gebrauch von dem, was sie zu bieten hat.

Greifen Sie nun zu den ‚Meditationen und Reflexionen' des verehrungswürdigen James Hervey aus der Mitte des 18. Jahrhunderts und lesen Sie die darin enthaltenen ‚Betrachtungen über einen Blumengarten'. In diesem Essay stellt er in bezug auf jede im Garten beobachtete Einzelheit eine Beziehung zu Gott her, von den ersten Sonnenstrahlen bis zum herumflatternden Schmetterling. Seine Erkenntnisse sind auch heute noch von Bedeutung: „In einer Gruppe Tulpen oder einem Tuff von Nelken ist fast keine Pflanze wie die andere. Nicht zwei sind gleich geschaffen oder von gleicher Farbe. Jede erlaubt sich eine Spur von Individualität in ihrer äußeren Erscheinung, obwohl alle zur selben Familie gehören. Sie sind alle verschieden und doch alle gleich."

William Robinson ließ seinem Zorn auf das übertriebene „Blumenbeetgetue" der Viktorianer freien Lauf. Diese seien, wie William Cobbett bereits 1829 moniert hatte, von den Blumenzüchtern dazu verführt worden, deren Kreationen zur Schau zu stellen, und zwar in einer Weise, daß „das ganze Blumenbeet nur aus der Massierung einer einzigen Sorte besteht". Robinsons Banner wurde dann von Gertrude Jekyll gehißt und ist seitdem nicht wieder eingeholt worden.

Heute wird die Reihe fortgesetzt in den Gartenbüchern von begeisterten Experten wie Vita Sackville-West, Margery Fish und Lanning Roper, in der schöpferischen Phantasie von Russell Page, besonders in seiner Schrift ‚Die Hohe Schule des Gärtnerns' (1962), und in den erfahrenen Gartengestaltern wie Graham Stuart Thomas und Christopher Lloyd, Sylvia Crowe und Rosemary Verey. Alle sind englische Gartenliebhaber, und von allen können wir lernen; denn gute Gartenschriftstellerei bildet sozusagen ‚Ausläufer' in die ganze Welt, genau wie es die Pflanzen tun, die wir in unsere Gärten bringen.

Tyler's Green East Sussex

Geoffrey Grigson schrieb in ‚The Englishman's Flora' über die Eibe, sie sei ein „paradoxer Baum: beschützend und angriffslustig zugleich, einer der geeignetsten Bäume in der Nähe des Hauses". Sie galt früher als die Wohnung des Hausgottes und wurde sehr oft an die Windseite gesetzt.
Die Eibe hat jedoch auch weniger segenbringende Eigenschaften. Shakespeare nannte sie die „doppelt todbringende Eibe", und er hatte recht; denn ihre Beeren sind giftig, und das Holz wurde von den englischen Bogenschützen mit Vorliebe für ihre Armbrüste benutzt, obwohl die spanische Eibe der einheimischen für diesen Zweck überlegen war. Die immergrüne Eibe war sowohl für Heiden als auch für die frühen Christen das Symbol der Auferstehung und des ewigen Lebens; die Druiden bauten ihre Heiligtümer daher in die Nähe von Eiben, und auf vielen Kirchhöfen, die an ähnlichen Stellen angelegt wurden, finden sich Eiben, deren Zweige man am Palmsonntag als Ersatz für Palmwedel pflückte.

Heathfield
East Sussex

Im Jahre 1699 sandte ein italienischer Priester ein Päckchen mit Samen, den er in Sizilien gesammelt hatte, an den „höchst berühmten Sammler und Förderer vieler seltener Exoten", Dr. Robert Uvedale in Enfield. Aus den Samen entstanden hochaufgeschossene Pflanzen mit zweifarbigen Blüten in Kastanienbraun und Lavendelblau, die außerordentlich angenehm dufteten, „etwas nach Honig und ein bißchen nach Balsam" — die ersten Wicken in England. Aber erst zweihundert Jahre später erlangten sie ihre heutige wohlverdiente Beliebtheit und wurden zu einem unverzichtbaren Bestandteil der Cottagegärten. Gewöhnlich sät man sie im Februar unter Glas aus und pflanzt sie im März um, so daß sie im Juli blühen können. Man kann sie aber auch im Kalten Kasten vorziehen.

„Ein Unkraut ist etwas, das dort wächst, wo man es nicht haben will", sagt der Besitzer dieses Gartens. Gottlob nahm er aber die Gruppe von Königslilien von diesem Verdikt aus, die sich in ihrer Do-it-yourself-Methode vor der Hecke eine selbstgesäte Heimstatt angelegt hatte. Seit 54 Jahren pflegt er diesen Garten schon. Dessen Gestalt hat sich seit Jahrzehnten kaum geändert, nur die Beete wechseln ihr Aussehen mit den Jahreszeiten. Er verwendet nur selbstgezogenen Samen und kauft höchstens einmal ein Päckchen mit einem neuen Züchtungsstamm. Auch in seinem Gemüsegarten ist er autark; was an Samen fehlt, erwirbt er durch Tausch; „denn", sagt er, „so machen wir das hier auf dem Lande."

Framfield
East Sussex

Die Besitzerin dieses fast fünfhundert Jahre alten Fachwerkhauses hat ihren Kräutergarten unterhalb des Küchenfensters angelegt. Damit er dem Baustil des Cottage entspricht, hat sie ihn mit Buchsbaum eingefaßt und nur Blumen und Kräuter ausgewählt, die zur Tradition eines solchen Gartens gehören und außerdem Nahrung für ihre Bienen liefern. Dabei ist ihr unter der Hand ein Garten gelungen, der in dem ersten Gartenlehrbuch für Frauen, das William Lawson im Jahre 1617 unter dem Titel ‚The Country Housewifes Garden' veröffentlichte, als mustergültig gepriesen worden wäre. In dem Buch findet man Pläne für kunstvoll angelegte Blumengärten und darüber hinaus Listen von Kräutern und Blumen für „schickliche Rabatten und zierliche Beete".

Northbourne
Kent

„Man kommt sich vor, als sei man ein Künstler und arbeite an einem Gemälde", schrieb Vita Sackville-West über die Auswahl von Blütenfarben bei der Gestaltung eines Gartens, und sollte der Vergleich auch möglicherweise hinken, trifft er doch den Nagel auf den Kopf, wenn man diesen Garten besucht, der vor fast sechzig Jahren von einem tüchtigen Aquarellmaler geschaffen wurde. Heute kümmert sein Sohn sich um den Garten. Er benutzt noch immer die Farbzusammenstellung, die sein Vater damals entworfen hat, wechselt aber die Pflanzen aus, damit der Garten jung bleibt.

Der Garten befindet sich auf dem Gelände eines elisabethanischen Rittergutes und besteht aus dem Hauptgarten an der Terrasse und mehreren kleinen Garten-‚räumen', die auf ihn hinführen. Im ersten betören Rabatten und ein Pflanzenkübel mit Geranien und Fuchsien das Auge durch verschiedene Rottöne.

Im zweiten, von Mauern umgebenen Gartenraum herrscht eine stille Harmonie von silbrig bepudertem Blattwerk und samtigen Strukturen, besonders ausgeprägt im weichen Licht eines späten Sommerabends. Die Farbtöne der Blumen sind dann so zart und so flüchtig wie das Licht. Im Schutze der warmen Ziegelmauern ist die *Hydrangea sargentiana* zu einem stattlichen Strauch herangewachsen. Sie sollte häufiger gepflanzt werden; denn sie ist wertvoll wegen ihrer borstigen Rinde und der großartigen grünen Samtblätter unter den Schalen von blaßrosafarbenen Blütchen.

Geht man vom ersten zum zweiten Gartenraum, dann wirkt der Kontrast zwischen viel und wenig Farbe sehr anregend. Der graue Garten erscheint nun in einem neuen Licht: Kühle geht von ihm aus und vermittelt dem Betrachter das Gefühl von Abgeklärtheit und Ruhe. Da hervortretende Farben fehlen, wird die Aufmerksamkeit auf die Wuchsformen der für einen „grauen" Garten typischen Pflanzen gelenkt: Silberwermut (*Artemisia lanata*), Salbei, Heiligenpflanze (*Santolina*), Thymian und andere.

Läßt man die Stille des grauen Gartens hinter sich, dann betritt man den Hauptgarten, nämlich drei breite, erhöhte Terrassen, die sich an drei Seiten des zentralen Teiches erheben. Die Wände der Terrassen sind noch elisabethanisch. Gärten aus jener Zeit hatten oft Hochterrassen und Hügel, von denen man das Gartenbild der kunstvoll angelegten Blumenbeete, der ‚Knots', und anderer floraler Spielereien besser betrachten konnte. Jetzt jedoch ist jede dieser Terrassen bepflanzt, so daß viele Komplementär- und Kontrastwirkungen möglich werden: Die untersten Beete sind Blumen mit hellen Farben vorbehalten; die Beete der ersten Terrasse sind überwiegend lila und gelb, diejenigen der zweiten und dritten Terrasse meist blau und orange. Flächen von blaublühendem Rosmarin schmükken die erste Mauer hinter den blassen Blumen, und Lavendel legt sich breit über die beiden anderen Mauern.

Der große Küchengarten wurde auch nach dem Prinzip angelegt, Wirkung durch Massierung von Farbe sowie einheitlicher beziehungsweise abwechslungsreicher Wuchsformen zu erzielen. So säumen wahre Wolken von Ziertabak den Eingangsweg in der ganzen Breite des Gartens, und früher im Jahr war der Längsweg fast unbegehbar wegen der dort wachsenden Pfingstrosen. Viele Gemüse sind sowohl vom dekorativen als auch vom kulinarischen Gesichtspunkt wertvoll und eignen sich zur Verschönerung von Garten und Haus, wie zum Beispiel die Artischocken, denen hier das Blühen gestattet wurde und die man zusammen mit anderen Blumen aus dem Hauptgarten zum Arrangieren von Sträußen benutzen kann.

Joseph Addison erklärte 1712 im ‚Spectator': „Ich bin schon immer der Meinung gewesen, daß ein Küchengarten einen angenehmeren Anblick biete als die schönste Orangerie oder ein raffiniertes Gewächshaus. Ich möchte alles in einem Zustand der Vollkommenheit sehen, und da betrachte ich lieber meine Reihen von Salat und Kohl und die tausend namenlosen Suppenkräuter als die heiklen Pflanzen von Übersee." Die meisten von uns werden ihm darin zustimmen, daß ein gut gepflegter Küchengarten ein Gefühl von Wohlbehagen in uns erweckt, wenn wir bemerken, wie Reihe auf Reihe von nahrhaftem Gemüse sowie von würzigen Kräutern geschickt nach Blattfärbung und Blattform komponiert sind.

Das klare Grün der breiten herzförmigen Kürbisblätter steht in einem kühnen Kontrast zu dem schäumenden Scharlachrot des Storchschnabels. Die ganze Anlage erinnert den Besucher ständig an einen anderen herrlichen Garten, der auch von einem Künstler geschaffen wurde: an den Garten des Impressionisten Claude Monet auf seinem Anwesen in Giverny. Auch sein Ziel war, einprägsame Wirkungen durch die Gegenüberstellung von klaren Farben sowie den Strukturen von Blättern und Blüten zu erzielen.

Otham
Kent

Fuchsien gehören zu den besten Farbenspendern im Spätsommer. Verglichen mit den spröden Dahlien und Chrysanthemen ist die Fuchsie der Inbegriff von Zierlichkeit und Eleganz, sowohl was die Farbe als auch die Form anbetrifft. Man kann zwischen vielen Kulturrassen wählen: Einige haben unglaublich gefüllte Röckchen, andere ähneln zusammengefalteten Regenschirmen in allen möglichen farblichen Abstufungen von Rosenrot über Purpurrosa bis Weiß. *Fuchsia magellanica* ‚Aurea' hat goldgelbe Blätter mit roter Aderung und rote Blüten; *Fuchsia m. gracilis* ‚Versicolor' hat Blätter von weichem Graugrün, die im Jugendstadium rosa getönt und später cremeweiß gefleckt sind, und ist eine besonders entzückende Bereicherung für den grauen Garten.

Lyminge
Kent

Bildhauerisch bearbeitete Schmuckelemente haben seit langem ihren Platz im Garten: Fontänen, Statuen und Obelisken sind immer einmal wieder beliebt gewesen. Von Sonnenuhren aber ist seit je eine besondere Faszination ausgegangen. Ohne Zweifel beruht diese auf der Kombination von Wissenschaft und seelischer Empfindung; denn keine ordentliche Sonnenuhr ist ohne Motto, das uns an das Fließen der Zeit und an unsere Vergänglichkeit gemahnt: ‚Volat tempus' (Die Zeit flieht); ‚Ut hora, sit vita' (Das Leben ist wie eine Stunde) und andere. Des unerbittlichen Entfliehens der Zeit noch unkundig, suchen die Enkelkinder des Gartenbesitzers jedes Jahr in den Buchsbaumanlagen rund um die Sonnenuhr ihre Ostereier.

West Malling
Kent

Die geordnete Geometrie der gestutzten Buchsbaumhecken und der geharkten Kieswege ruft Erinnerungen an die Mode einer vergangenen Epoche wach. 1724 schrieb Phillip Miller in seinem ‚Lexikon eines Gärtners': „Das erste, das sich in einem vornehmen Garten dem Auge darbietet, ist eine Beetanlage mit Buchsbaumeinfassungen, denn sie verleiht dem Haus eine einladende Öffnung nach außen und bringt Schönheit in den Ausblick aus allen Fenstern." Ohne Zweifel ist eine solche Gestaltung kleiner Vorgärten interessanter und eindrucksvoller als der heute vielfach übliche kurzgeschorene Einheitsrasen.

Otham
Kent

Joseph Addison teilte mit, das einzige Ordnungsprinzip, dem er seinen Garten unterwerfe, bestehe darin, „die Blumen jeder Jahreszeit in ein bestimmtes Areal zusammenzupflanzen, so daß sie zur gleichen Zeit wachsen und blühen und der Garten auf diese Weise den Anblick größter Vielfalt biete". Das ist genau das, was die Eigentümer dieses Gartens getan haben. Zwei gegenüberliegende Staudenrabatten wechseln sich nach der Blütenfarbe ab; eine ist Tönungen von Blau, Rosa und Lavendelblau gewidmet (hier ist ein kleiner Ausschnitt davon abgebildet), die andere den Orange-, Gelb- und Grautönen.

Im August erreicht die gelbgraue Rabatte ihren Höhepunkt mit dem Vollflor von *Rudbeckia*, Alant mit seinen attraktiven flaumigen Samenständen, Shasta-Margeriten, Frauenmantel (*Alchemilla*) und Schafgarbe. Hohe Polster von Kreuzkraut (*Senecio*) mit seinem silbergrauen Laub und Hasenohren mildern die strahlende Farbigkeit. Wenn man eine solche Rabatte anlegt, darf man nicht nur Blumen eines Farbtons wählen; das Ergebnis wäre eintönig und uninteressant. Kontrast- und Komplementärfarben sind notwendig, um die Wirkungsbreite der einzelnen ‚Töne' zu akzentuieren und auf diese Weise, gleichsam wie in einer Partitur, hohe und tiefe Stimmlagen entlang der Rabatte zu komponieren.

Crinum x powellii ist ein köstlich duftendes Mitglied der Amaryllisfamilie. Die Blüten flammen wie ein Leuchtfeuer oben auf den stämmigen 1,20 m hohen Stielen und erregen vom Spätsommer bis zum Anfang des Herbstes erhebliches Aufsehen im Garten. Die Blätter sind viel weniger aufregend, sie können ausgesprochen unordentlich aussehen. *Crinum*-Arten haben riesige Zwiebeln; sie mögen lockeren, die Feuchtigkeit haltenden Boden und einmal im Jahr einen Düngermulch.

Wittersham Kent

Da die Besitzerin dieses Gartens vier kleine Kinder aufzuziehen hat, meinte sie, es fehle ihr eine Freizeitbeschäftigung, damit sie auf andere Gedanken komme, es müsse aber eine sein, der sie zu Hause nachgehen könne. Die Lösung des Problems bestand im Gärtnern, und sie konnte sich innerhalb von fünf Jahren von einer eifrigen Novizin zur Pokalsiegerin bei der Blumenschau des Dorfes entwickeln. Der Garten verrät ihre Liebe für große, prächtige Blumen, insbesondere Dahlien. Jeder Quadratzentimeter ist bepflanzt mit Gladiolen, Wicken, Wucherblumen und Jungfer im Grünen; alles ist aus Samen und Setzlingen gezogen; was übrig ist, verkauft sie aus einem Kasten oben auf der Hecke.

BUSY
LIZZIE

Wittersham
Kent

Für manche ist der Garten eine Art Fotoalbum der Familie; jede Pflanze erinnert dann an jemanden, an Orte oder an besondere Ereignisse. Der Garten des links abgebildeten 500 Jahre alten Hauses gehört zu dieser Kategorie. Fünfundzwanzig Jahre hat die Familie darin gewohnt, bis sie am Ende des Sommers umziehen und die beiden Bäume zurücklassen mußte, die die Tochter von ihrem ersten Verdienst gekauft hatte. Aber die hübsche Rabatte wird Ableger von Sträuchern und Blumen liefern, so daß alte Erinnerungen wenigstens zum Teil im neuen Garten wieder aufgefrischt werden können.

Wittersham
Kent

Eine große Anzahl von Zwergstauden und Steingartenpflanzen breitet sich wie ein persischer Teppich vor dem sauber verschalten Cottage aus und variiert auf eigene Weise das alte Blumenbeet-Thema. Hier wurden die bodendeckenden Eigenschaften der niedrig wachsenden Pflanzen besonders wirkungsvoll eingesetzt. Viele dieser Stauden bilden farbenfrohe Polster und können so dem Ziegelsteinpflaster auf den Wegen das Kantige nehmen.

Die Dorfkirche bildet einen großartigen Hintergrund für die Staudenrabatte in einem Garten, in dem man eine auf kluge Weise geordnete Vielfalt von Pflanzen findet. Will ein Gartenliebhaber aus einem kleinen Grundstück das Äußerste machen, dann muß er einfallsreich sein. In unserem Beispiel hat ein im Ruhestand lebender Teepflanzer einige gärtnerische Techniken seiner Teeplantage in Indien angewendet, unter anderem das Beschneiden und Ziehen von Bäumen mit dem Ziel, schattige Partien auf einer Rabatte zu schaffen, die von ihrer Lage her der Sonne ausgesetzt ist.

Leuchtend gelbes Fingerkraut und Hornveilchen, lavendelblaue und rosa getönte Funkienblüten sowie Hortensien, lila Hebe und Stiefmütterchen bilden eine Gemeinschaft auf diesem Teil des Beetes, das bald ein anderes Aussehen haben wird, wenn Chrysanthemen und Mauerpfeffer im Herbst zu blühen beginnen. Jede Jahreszeit hat ihren eigenen Farbcharakter: Der Frühling zeigt zurückhaltende Tönungen; der Sommer ist extrovertiert, und der Herbst hat eine Palette zarter Schattierungen. Ein Garten gewinnt, wenn man das beim Pflanzen berücksichtigt.

Ein anderer Teil des Gartens ist Sträuchern und Büschen vorbehalten und erzielt seine Wirkung hauptsächlich durch die Farbe und die Gestalt der Blätter: graugrünes Brandkraut, Zistrosen und Lavendel stehen neben gelbgrüner Peitschenschnur-Hebe und dem meisterhaft gestutzten Buchsbaum. Hinten windet sich ein zweifarbiger Efeu durch die Zweige eines immergrünen Baumes. Als Begleiter tritt die schöne *Clematis florida bicolor* (syn. ‚Sieboldii') auf. Ihre Blüten ähneln denen der Passionsblume mit ihren pflaumenblauen Staubblättern und den cremeweißen Kelchblättern.

Mersham Kent

Daß *Actinidia chinensis* eine dekorative Kletterpflanze ist, wissen wahrscheinlich nur wenige; aber daß sie eine kulinarische Delikatesse liefert, nämlich den Kiwi, die chinesische Stachelbeere, das ist allgemein bekannt. Ihre gewaltigen breiten Sammetblätter verdienen einen Platz im Garten. Auch die Blüten sind in einer seltsamen Weise schön: blaß aprikosenfarbig, ähneln sie fleischigen Hundsrosen. Wenn man Früchte ernten will, muß man ein männliches und ein weibliches Exemplar pflanzen.

Es ist oft ratsam, ein Beet nicht überstürzt in Ordnung zu bringen, wenn die Blüten verwelkt sind, nicht nur weil unverhofft auftauchende Sämlinge manchmal höchst willkommen sind, sondern weil die Samenstände vieler Pflanzen noch einmal ohne Zutun des Besitzers ein ganz neues Gartenbild schaffen können, und zwar eines von zarter Farbtönung und eigenartigen Formen. Im Spätsommer herrschen Rot und Gelb vor, wie man auf dieser Rabatte sieht, wo die rotbraunen Samenscheiben des Judassilberlings (*Lunaria annua*) mit dem rosafarbenen Phlox und den Chrysanthemen in harmonischem Einvernehmen wachsen und die graugrünen, von weißlichem Schmelz überzogenen Blätter des Mauerpfeffers sowie die gelben Hochblätter der Wolfsmilch die Farben des Alants (*Inula*) und der schwarzäugigen Rudbeckie wieder aufnehmen.

Otham
Kent

Eine Überfülle von Lieblingspflanzen der Cottagegärtner tummelt sich auf diesen Rabatten, die den Weg zu einem Fachwerkhaus in einem der ältesten Dörfer Südenglands säumen. Eine große Zahl von Blumen darf sich ungehindert versamen und feiert im nächsten Jahr ein fröhliches Wiedersehen mit den vielen Sträuchern und Stauden. Die Erstbepflanzung liegt zwar in der Hand des Gartenbesitzers, aber dann können die Pflanzen sich fast ohne Eingriffe durch den Menschen ausbreiten.

Hollingbourne Kent

Wenn es auch richtig ist, daß Haus und Garten als Einheit behandelt werden sollten, so wird eine Hälfte der Partnerschaft doch oft den Vorrang genießen. Hier scheint der Garten sich das Haus untergeordnet zu haben. Das ehemalige Haupthaus eines Grundbesitzers aus dem frühen 15. Jahrhundert, bedrängt wie es ist von Hortensien und Cotoneaster und eingehüllt von Wildem Wein, vermittelt dem Betrachter einen Vorgeschmack davon, wie der Garten jenseits des Gittertores aussehen wird.

Der Besitzer bezeichnet seine Gartenschöpfung als „vom gärtnerischen Standpunkt aus gesehen unzumutbar“. In Wirklichkeit aber betört der Garten die Sinne mit dem süßen Duft der Kräuter und der alten Rosen sowie den schönen Kontrasten von Blattwerk und Blütenformen. An den Samenständen, die an den Pflanzen trocknen dürfen, kann man ablesen, wie herrlich es hier vor kurzer Zeit gewesen sein muß. Später werden die Samen für die Aussaat im nächsten Jahr gesammelt oder die Samenstände als Schmucksträuße in Vasen gestellt. Wege winden sich durch Staudenbeete und Gruppen von alten Rosen und führen zu stillen Lauben, wo man seinen Gedanken nachhängen kann und sich wohl auch dankbar all der Hingabe und ebenso der Eigenwilligkeit der Besitzer erinnert, die so sichtbar in diesen wie auch in manche anderen Cottagegärten eingegangen sind.

Fototechnische Hinweise

Das Abbilden von Pflanzen, sei es eine ‚Porträtaufnahme' oder ein ‚Gruppenfoto' im Garten, stellt den Fotografen vor ähnliche Probleme wie Aufnahmen von Menschen. Will man die Atmosphäre eines Gartens erlebbar machen und die Pflanzen in ansprechender Weise darstellen, dann muß man auf Kunstlicht verzichten und sich auf die Lichtverhältnisse des jeweiligen Gartens einstellen. Blumen fotografiert man, genau wie Menschen, am besten nicht im harten, direkten Sonnenlicht. An einem sonnigen Tage verflacht die Farbintensität der Blüten und des Blattwerks in dem gleißenden Licht, das von einer Unzahl von Oberflächen reflektiert wird. Ich habe daher die Mehrzahl der Fotografien kurz nach Tagesanbruch beziehungsweise bei Sonnenuntergang gemacht. Besonders interessante Effekte ergaben sich bei leicht bedecktem Himmel und bei Streulicht an wolkigen Tagen. Da es im Hochsommer schon um 5 Uhr hell, aber um 8 Uhr bereits zu hell zum Fotografieren ist, arbeitete ich innerhalb dieser Zeitspanne. Abends begann ich zwischen 6 und 7 Uhr und hörte erst gegen 9 Uhr auf. Den Rest des Tages verbrachte ich mit der Motivsuche und den technischen Vorbereitungen für die Aufnahmen.

Alle Fotografien in diesem Buch wurden mit einer Pentax LX, einer einäugigen 35 mm-Spiegelreflexkamera aufgenommen, da das 35 mm-System sich am besten für das schnelle und spontane Fotografieren im Freien eignet. Ich habe diese Vorzüge bei meiner Arbeit sehr zu schätzen gelernt, denn ich machte meine Aufnahmen ja fast immer zu einem Zeitpunkt, zu dem das Licht sich von Minute zu Minute verändert. Um die bestmögliche Bildqualität bei diesen wechselnden Lichtverhältnissen zu erhalten, benutzte ich Filme der Marke Kodachrome 25 oder 65 ASA (16 bzw. 21 DIN), denn die Negative der schnelleren E6-Process-Filme zersetzen sich leichter und liefern insgesamt eine mindere Reproduktionsqualität.

Wenn man bei so schwacher Lichtintensität arbeitet wie ich, kann die Tiefenschärfe zu einem Problem werden. Befand sich zum Beispiel das Hauptmotiv im Vordergrund und waren auch entferntere Teile des Gartens nicht ohne Interesse, dann habe ich mit Hilfe von kleinen Blenden und langen Belichtungszeiten versucht, beide Bildebenen scharf abzubilden. Für die meisten Aufnahmen mußte ich daher ein Stativ benutzen, um ein Verwackeln zu vermeiden. Hinzu kommt, daß man Pflanzen während eines Luftzugs nicht

‚festzurren‘ kann; man muß deshalb für den Augenblick gerüstet sein, wenn der Wind nachläßt. Jeder Gartenfotograf hat also neben einem Stativ eine unerschöpfliche Geduld für seine Arbeit mitzubringen.

Die Mehrzahl der Aufnahmen habe ich mit einem 28 mm-Objektiv gemacht, und nur bei Nahaufnahmen habe ich ein 90 mm-Macro-Objektiv benutzt. Das 28 mm-Objektiv bringt genügend Raumtiefe in ein Gartenbild, aber man muß es mit Überlegung einsetzen; denn es kann, wie man oft zu spät feststellt, die Perspektive verzerren oder die Hälfte des Bildes mit der gähnenden Leere einer riesigen Rasenfläche füllen. Man muß also darauf achten, daß senkrechte Linien senkrecht bleiben, und sollte den Anteil des Vordergrundes am Gesamtbild vorher genau bestimmen. Das letztere führt dann von allein zu verhältnismäßig tiefen Aufnahmepositionen.

Genau wie die Anlage eines Gartens an Überzeugungskraft gewinnt, wenn ein Zentralelement oder ein bestimmtes Thema die verschiedenen Teile zusammenhält, so wird die Fotografie eines Gartens wirkungsvoller, wenn das Auge des Betrachters einen Halt an einem Gegenstand findet. Das kann eine Hausecke sein oder eine Mauer oder ein Schmuckelement im Garten, und es braucht nicht unbedingt in der Mitte des Bildes zu stehen. Ein Haus gibt der Aufnahme den nötigen Größenmaßstab und vermittelt eine Vorstellung vom Schauplatz des Ganzen; aber das Haus gehört in den Hintergrund, es darf das Bild nicht beherrschen. Außerdem ist es von Vorteil, wenn das Haus an sich einen ästhetischen Wert darstellt.

Aber alle diese Aufnahmeprobleme hin und die damit verbundenen Erschwernisse her: Wenn ich vor Ort, an den besonders schönen Stellen des Gartens, Fotos für dieses Buch gemacht habe und wenn in der Stille der Morgen- und Abenddämmerung das Licht so faszinierend durch die Rosen und die Kronen der Apfelbäume sickerte, dann schien es mir oft, als benötige das Bild den Fotografen gar nicht, sondern entstehe von selbst.

Clay Perry

Bibliographie

Bunyard, E. A. *Old Garden Roses*, Country Life, 1934

Coats, Alice M. *Flowers and Their Histories*, A. & C. Black, 1968
Cobbett, William *Cottage Economy*, 1822; Oxford University Press, 1979
Cobbett, William *The English Gardener*, 1829; Oxford University Press, 1980

Earle, Mrs C. W. *Pot Pourri from a Surrey Garden*, Smith-Elder, 1897; u. d. T. *Mrs Earle's Pot Pourri*, BBC, 1982
Evelyn, John *Kalendarum Hortense*, 1667

Fish, Margery *A Flower for Every Day*, Faber, 1981
Friend, Rev. Hilderic *Flowers and Flower Lore*, 2 Bde., 1884

Grigson, Geoffrey *The Englishman's Flora*, Phoenix House, 1955; Granada, 1975

Hibberd, Shirley *Familiar Garden Flowers*, Cassell, Petter, Galpin, 1897
Hole, S. Reynolds *A Book About Roses*, Arnold, 1902
Hyll, Thomas *The Proffitable Arte of Gardening*, 1568

James, John *The Theory and Practice of Gardening*, 1712
Jekyll, Gertrude *Annuals and Biennials*, Country Life, 1916
Jekyll, Gertrude *Colour Schemes for the Flower Carden*, Country Life, 1936; Antique Collectors' Club, 1982
Jekyll, Gertrude *Roses for English Gardens*, Country Life, 1902
Jekyll, Gertrude *Wall and Water Gardens*, Country Life, 1901; u. d. T. *Wall, Water and Woodland Gardens*, Antique Collectors' Club, 1981
Jekyll, Gertrude *Wood and Garden*, Longmans, 1899; Antique Collectors' Club, 1981
Jekyll, Gertrude und Weaver, Lawrence *Gardens for Small Country Houses*, Country Life, 1912

Langley, Batty *New Principles of Gardening*, 1728
Lawson, William *Country Houswifes Garden*, 1617
Lawson, William *A New Orchard and Garden*, 1618

McClean, Teresa *Medieval English Gardens*, Collins, 1981
Miller, Phillip *The Gardeners Kalendar*, 1775 (16. Aufl.)

Page, Russell *The Education of a Gardener*, Collins, 1962
Parkinson, John *Paradisi in Sole, Paradisus Terrestris*, 1629; Methuen, 1902
Paul, William *The Rose Garden*, 1848; Heyden, 1978

Robinson, William *The English Flower Garden*, John Murray, 1903 (14. Aufl.)
Rohde, Eleanour Sinclair *The Old World Pleasaunce*, Jenkins, 1925

Sackville-West, Vita *In Your Garden*, Michael Joseph, 1951
Sackville-West, Vita *Vita Sackville-West's Garden Book*, Michael Joseph, 1979
Strabo, Walahfrid *Hortulus*, übers. von Rafe Payne, U.S.A. Hunt Botanical Library, 1966
Strong, Roy *The Renaissance Garden in England*, Thames & Hudson, 1979

Thomas, Graham Stuart *Old Shrub Roses*, Dent, 1980
Thomas, Graham Stuart *Perennial Garden Plants*, Dent, 1982

Index

— *Abutilon vitifolium* (Sammetmalve) 28
— *Acanthus mollis* (Bärenklau) 110
— *Achillea* (Schafgarbe) 58, 89, 102, 107, 142
— *Actinidia chinensis* (Strahlengriffel) 151
— Addison, Joseph (1672—1719), engl. Essayist, Dichter, Staatsmann, Herausgeber der Moralischen Wochenschrift 'The Spectator' (1711—1712) 75, 136, 142
— Akelei 24, 33
— Alant (*Inula*) 142, 153
— *Alchemilla mollis* (Frauenmantel) 60, 142
— *Allium christophii* (Sternkugellauch) 50, 110
A. moly (Goldlauch) 50
— *Aquilegia vulgaris* (Kurzspornige Gartenakelei) 33
— *Arabis* (Gänsekresse) 20
— *Artemisia* (Edelraute) 134
— Artischocke 136
— *Astilbe* (Prachtspiere) 102
— *Aubrieta* (Blaukissen) 26, 28, 39

— Bacon, Francis, 1. Baron Verulam u. Viscount St. Albans (1561—1616), engl. Philosoph, Staatsmann, Gärtner. Essay 'Of Gardens', 1625. 122
— Bärenklau (*Acanthus mollis*) 110
— Beinwell (*Symphytum asperum*) 87
— Blaukissen (*Aubrieta*) 26, 28, 39
— Brandkraut (*Phlomis*) 24, 110, 151
— Buchsbaum 24, 112, 131, 140, 151
— Burbank, Luther, amerik. Chrysanthemenzüchter 114

— *Calendula* s.u. Ringelblume
— *Caltha palustris* (Sumpfdotterbl.) 20
— *Campanula persicifolia* (Pfirsichblättrige Glockenblume) 70
— *Centranthus ruber* (Spornblume) 89
— *Chrysanthemum leucanthemum* (Margerite) 114
C. maximum (Große Weiße Sommermargerite) 107, 110, 139, 149, 153
C. m. 'Shasta'-Hybriden 114, 142
C. m. 'H. Seibert' 114
C. m. 'Esther Read' 114
C. m. 'Fiona Coghill' 114
— *Clematis* (Waldrebe) 50, 58, 89, 104
C. florida bicolor (syn. '*Sieboldii*') 151
C. montana 30
— Cobbett, William (1762—1835), engl. Gärtner, Politiker und Soziologe. Hauptwerke: 'The American Gardener', 1821; 'The English Gardener', 1829. 76, 123
— *Convulvulus mauritanicus* (Mauretanische Winde) 46
— *Cotoneaster* (Zwergmispel) 35, 50
C. apiculatus 35
C. conspicuus (Bogen-Zwergmisp.) 35
C. horizontalis (Fächer-Zwergmispel) 35
C. microphyllus 35
— *Crinum x powellii* 144

— *Dactylorhiza elata* (Knabenkraut) 83
— Dahlien 53, 139
— *Delphinium* (Rittersporn) 53
— *Dianthus* (Nelken) 36, 49, 53, 60, 77
D. barbatus (Bartnelke) 67, 104
D. caryophyllus (Landnelke) 67
D. 'Mrs. Sinkins' 67
D. plumarius (Garten-Federnelke) 67
— *Digitalis* (Fingerhut) 42, 87, 89
D. 'Excelsior'-Hybriden 42
D. grandiflora 42
D. purpurea (Purpurfingerhut) 42

— Earle, Maria Theresa (1836—1925), engl. Gärtnerin, Schriftstellerin. Bücher: 'Potpourri from a Surrey Garden', 1897; 'Gardening for the Ignorant', 1912. 50
— *Echinops ritro* (Kugeldistel) 126
— Edelweiß 102
— Ehrenpreis (*Veronica*) 110
— Eiben 124
— *Erigeron* (Feinstrahlaster) 46
— Eschscholtzie (Goldmohn, Kalifornischer Mohn) 39, 46
— *Euphorbia characias* (Wolfsmilch) 23

— Farne 72
— Fingerhut s.u. *Digitalis*
— Fingerkraut (*Potentilla*) 149
— Fish, Margery, engl. Gartenschriftstellerin 123
— Flammenblume (*Phlox*) 153
— Fleißiges Lieschen 56
— Flieder 35, 42
— Frauenmantel (*Alchemilla mollis*) 60
— Fuchsie (Strauchf.) 41, 95, 96, 139
F. magellanica 'Aurea' 139
F. m. gracilis 'Versicolor' 60, 139
— Funkie (*Hosta*) 72, 83, 98, 102, 149

— Gänsekresse (*Arabis*) 20
— Gartenmelisse (*Melissa officinalis*) 60
— Geißblatt 26, 41, 65, 77, 89, 112
— *Geranium* (Storchschnabel) 41, 102, 139
— Gerard, John (1545—1612), engl. Bader, Gärtner und Botaniker. Beschrieb als erster die Pflanzen, die er in seiner Gärtnerei zog ('Catalogue', 1596). Hauptwerk: 'Herball', 1597. berühmtes Kräuterbuch, insbesondere für die Damen der Oberschicht (in Zusammenarbeit mit seiner Frau). 67, 89, 107
— Gießen 16
— Gladiole (*Gladiolus byzantinus*) 39
— Glockenblume (*Campanula*) 70, 87, 102
— Glyzine (*Wisteria*) 28, 50
— Goldfelberich s.u. *Lysimachia*
— Goldflammenbandgras (*Phalaris*) 60
— Goldkolben (*Ligularia*) 83
— Goldlauch 39, 77, 78
— Goldmohn (Kalifornischer Mohn, Eschscholtzie) 39, 46
— Grigson, Geoffrey: 'The Englishman's Flora', 1955. 124
— Gurkenkraut (Borretsch) 78

— Hasenohren 24, 142
Hebe pinguifolia 24, 149, 151
— Heiligenpflanze (*Santolina*) 108, 134
— *Helenium* (Sonnenbraut) 126
— *Helianthemum* (Sonnenröschen) 28
— Heliotrop 77
— Hellerkraut s.u. *Lysimachia*
— *Heracleum mantegazzianum* (Riesen-Bärenklau) 98
— Hervey, James: 'Meditations and Contemplations' 123
— Hesterlombe, Somerset 123
— *Heuchera cylindrica* (Purpurglöckchen) 24
— Hibberd, Shirley (1825—1890), engl. Gartenbautheoretiker und erfolgreicher Gartenschriftsteller. Hauptwerke: 'Rustic Adornment', 1856; 'The Fern Garden', 1869; 'The Ivy', 1872; 'Familiar Garden Flowers', 1897. 33
— Hidcote, Gloucestershire 123
— Holunder 42
— Hornkraut (*Cerastium*) 24, 39
— Hortensie s.u. *Hydrangea*
— *Hydrangea* (Hortensie) 149
H. petiolaris (Kletterhortensie) 84
H. sargentiana 132
— Hyll, Thomas (ca. 1540— ca. 1580), Verfasser des ersten Gartenbuchs in England: 'The Proffitable Arte of Gardening', 1563 ff. 19, 62

— Iris 30, 35
I. kaempferi 102
I. laevigata 102
I. 'Rose Queen' 102
— Irving, Washington (1783—1859), amerik. Schriftsteller. 'Rural Life in England'. 7

— Jekyll, Gertrude (1843—1932), Malerin, Gartenarchitektin und bedeutendste Theoretikerin der Gartengestaltung für den Mittelstand. Entwarf 300 Gärten. Ihr eigener Mustergarten: Munstead Wood, Surrey. Entwickelte die Ideen von Robinson (s.d.) fort. Zusammenarbeit mit dem Architekten Lutyens (s.d.). 39, 46, 54, 60, 72, 75, 76, 98, 123, 125
— Judassilberling (*Lunaria annua*) 153
— Jungfer im Grünen 144

— Kamille 77, 79
— Königskerze (*Verbascum*) 41, 98
— Kreuzkraut (*Senecio*) 142
— Kürbis 139
— Kugeldistel (*Echinops ritro*) 126

— Langley, Batty (1696—1751), engl. Gartengestalter, Künstler und Schriftsteller. Hauptwerk: 'New Principles of Gardening, Or Laying Out and Planting Parterres, Groves, Wildernesses, Labyrinths, Avenues, Parks, etc., After a More Grand and Rural Manner than has been done before', 1728. 81
— Lavendel 35, 67, 75, 78, 84, 107, 134, 151
L. 'Alba' 107
L. angustifolia 107
L. 'Hidcote' 107
L. 'Munstead' 107
L. 'Nana Rosea' 107
— Lauch s.u. *Allium*
— Lawson, William (ca. 1570— ca.

1620), einflußreicher engl. Gartenschriftsteller. Hauptwerke: 'The New Orchard Garden', 1618. 78, 119, 121, 131
— Levkoje (*Matthiola bicornis*) 77
— *Ligularia* 'Desdemona' (Stern-Ligularie) 84
— Lilie 67, 75, 77, 95
L. candidum (Madonnenlilie) 79, 107, 117
L. regale (Königslilie) 49, 117
L. martagon (Türkenbundlilie) 110
L. tigrinum (Tigerlilie) 89
— Lobelie 58, 95, 96
— Lupine 87, 107
— Lutyens, Sir Edwin (1869—1944), engl. Architekt und Gartengestalter. Ab 1892 Zusammenarbeit mit Gertrude Jekyll (s. d.): Gärten und Häuser in Munstead Wood, Godalming, Surrey, 1896; Orchards, Godalming, 1896; Deanery Garden, Sonning, Berkshire, 1899; Marsh Court, Hampshire, 1901; Hestercombe, Somerset, 1905; Gledstone Hall, Yorkshire, 1923, u. a. Berühmtester Garten von Lutyens: Tyringham, Buckinghamshire. 75, 125
— *Lysimachia nummularia* (Hellerkraut) 60
L. punctata (Goldfelberich) 65

— Magnolie 23
M. siboldii 36
— Margerite s. u. *Chrysanthemum*
— Mascall, Leonard 26
— *Matricaria recutita* (Kamille) 79
— Mauerpfeffer 102, 149, 153
— *Mesembrianthemum* (Mittagsblume) 104
— Miller, Philip (1691—1771), engl. Gartenbaumeister und Schriftsteller. Hauptwerke: 'The Gardener's Dictionary', 1731; 'A Catalogue of Trees Near London', 1730; 'A Gardener's Kalendar', 1732. 140
— Minze 36, 77, 78
— Mistel 104
— Mittagsblume (*Mesembrianthemum*) 104
— Mulchen 17

— Nelken s. u. *Dianthus*
— *Nicotiana* (Ziertabak) 110, 136

— *Oenothera biennis* (Nachtkerze) 77

— *Paeonia officinalis* (Bauernpfingstrose) 23
— Page, Russell (geb. 1906), engl. Landschaftsgärtner und Gartengestalter. Hauptwerk: 'The Education of a Gardener', 1962. 123
— Parkinson, John (1567—1650), engl. Botaniker, Gärtner und Schriftsteller. Verfasser des ersten bedeutenden englischen Gartenbuchs: 'Paradisi in Sole, Paradisus Terrestris', 1629. (600 Seiten, 1 000 Pflanzenbeschreibungen, 800 Holzschnitte) 15, 33, 67, 107, 120, 122
— Passionsblume 112, 151
— Pfingstrose 23, 35, 136
— *Phalaris arundinacea* 'Picta' (Goldflammenbandgras) 60
— *Phlomis* (Brandkraut) 24
— *Phlox* (Flammenblume) 153
— Primeln 39, 120
Kandelaberprimeln 20, 83
— Purpurglöckchen (*Heuchera*) 24

— Rea, John (gest. 1677), engl. Botaniker. Hatte die größte Tulpensammlung seiner Zeit. Einziges Werk: 'Flora seu de Florum Cultura', 1665. 92
— Reseda 77
— Rhododendron 'Temple Bells' 84
— Riesen-Bärenklau (*Heracleum mantegazzianum*) 98
— Ringelblume (*Calendula*) 39, 53
— Rittersporn (*Delphinium*) 53, 87, 107
— Robinson, William (1838—1935), anglo-irischer Landschaftsgärtner, Herausgeber von bedeutenden Gartenzeitschriften, Schriftsteller. Zusammenarbeit mit Gertrude Jekyll (s. d.), Initiator des Wildgartens. Hauptwerke: 'The English Flower Garden', 1883; 'Alpine Flowers for English Gardens', 1870; 'The Wild Garden', 1870. 19, 123
— Roper, Lanning (geb. 1912), amerik.-englischer Landschaftsgärtner. Hauptwerk: 'Town Gardening', 1957. 123
— Rosen 28, 35, 36, 39, 49, 53, 54, 65, 67, 77, 83, 84, 89, 120, 154
R. 'Albertine' 9, 72, 104
R. 'Buff Beauty' 110
Bourbonrosen 16, 83
Kletterrosen 50
R. 'Fantin-Latour' 45
R. 'Madame Isaac Pereire' 16
R. 'New Dawn' 112
R. 'Prunella Poulsen' 65
R. 'Schneewittchen' 58, 112
— Rosmarin 77, 120, 134
— *Rudbeckia* (Sonnenhut) 142, 153

— Sackville-West, Vita (Victoria) (1892—1962), engl. Schriftstellerin und (zusammen mit ihrem Ehemann Harold Nicolson) Schöpferin des berühmten Gartens in Sissinghurst, Kent. 123, 131
— Salbei 77, 78, 134
— Sammetmalve (*Abutilon*) 28
— Samos-Brandkraut 110
— *Santolina chamaecyparissus* (Heiligenpflanze) 107, 134
S. 'nana' 107
— *Saxifraga* (Steinbrech) 26
— Schafgarbe 58, 89, 102, 142
— Seerosen 72
— *Senecio* (Kreuzkraut) 142
— Shenstone, William (1714—1763), engl. Dichter und Landschaftsgärtner. Benutzte den Ausdruck 'landscape gardener' zum ersten Mal. Hauptwerk: 'Unconnected Thoughts', 1764—69 posth., 9
— Sissinghurst, Kent (Garten von V. Sackville-West, s. d.) 123
— Sonnenhut (*Rudbeckia*) 142
— Sonnenröschen (*Helianthemum*) 28
— Sonnenuhren 140
— Spornblume (*Centranthus ruber*) 89
— Steinbrech (*Saxifraga*) 26, 28, 102
— Steinkraut (*Alyssum*) 104
— Sternkugellauch (*Allium christophii*) 110
— Stiefmütterch. 49, 53, 54, 60, 104, 149
— Stockrose 62, 89, 107
— Storchschnabel s. u. *Geranium*
— Sumpfdotterblume (*Caltha palustris*) 20

— *Tagetes* 95, 104
— Taglilie (*Hemerocallis*) 89, 98
— *Tanacetum densum amanum* (Halbstrauch, langsam sich ausbreitende Matten von weißen, federartigen Blättern; hier kaum erhältlich) 104
— Temple, Sir William (1628—1699), engl. Staatsmann und Gartengestalter. 122
— Thomas, Graham Stuart (geb. 1909), engl. Blumenmaler, Gartenschriftsteller. Einflußreicher Wiederentdecker der alten Strauchrosen, Gartengestalter. Hauptwerke: 'Old Shrub Roses', 1955; 'Shrub Roses of Today', 1962; 'Climbing Roses Old and New', 1965. 45, 102
— *Thymus* 24, 49, 60, 70, 77, 134
T. serpyllum 70
T. coccineus 70
T. c. 'Golden Variegata' 70
T. c. 'Silver Poesie' 70
T. c. 'Woolly doerfleri' 70
— Tibetanischer Mohn 100
— Türkischer Mohn 41

— Uvedale (Reverend) Robert, Dr. (1642—1722), Direktor der Enfield Grammar School, Botaniker, berühmter Sammler tropischer Pflanzen. Sein vierzehnbändiges Herbarium heute im Britischen Museum. 128
— Veilchen s. u. *Viola*
— *Verbascum phoeniceum* (Königskerze) 41
V. vernale 98
— *Viola* (Veilchen) 26, 77, 84, 120, 149
V. odorata 15
V. tricolor 15
V. 'Irish Molly' 16

— Walahfried Strabo (808—849), Abt auf der Reichenau, 90, 122
— Waldrebe (*Clematis*) 30
— Wicken 128, 144
— Wilson, Ernest Henry (1876—1930), berühmter engl. Pflanzensammler (Zentralchina, Australien, Indien, Afrika). Hauptwerk: 'Lilies of Eastern Asia', 1925. Dazu: 'A Naturalist in Western China', 1913; 'Cherries of Japan', 1916; 'Conifers and Taxads of Japan', 1916. 117
— Winde, Mauretanische 46
— *Wisteria* (Glyzine) 28, 50
— Wolfsmilch (*Euphorbia*) 23, 153
— Wucherblume 144
— Wunderblume (*Mirabilis jalapa*) 77

— *Yucca* (Palmlilie) 98

— Ziertabak (*Nicotiana*) 110, 136
— Zwergmispel s. u. *Cotoneaster*